film – musik – video

oder
Die Konkurrenz von Auge und Ohr

herausgegeben von
Klaus-Ernst Behne

1987
Gustav Bosse Verlag
Regensburg

Inhalt

An Stelle eines Vorwortes:

Zur besonderen Situation des filmischen Erlebens.

Klaus-Ernst Behne

Audio-visuelle Rezeption von Tonfilmen ist ein artifizieller Vorgang. Zwar ist - im Gegensatz zum Photo oder Stummfilm, die nur gesehen werden bzw. zur Musik, die nur gehört wird - die an sich natürliche Einheit von Sehen und Hören wiederhergestellt, aber das, was auf beiden Ebenen mitgeteilt wird und wie die beiden Ebenen sich zueinander verhalten, ist keineswegs natürlich. Über das Auge erreichen uns visuelle Brocken (Schnitte), die in der Vorstellung des Zuschauers erst sinnvoll montiert werden müssen, die Kamera springt abrupt zwischen entfernten Orten und Zeiten, wir hören Musik, die wir nur in Ausnahmefällen als Musik für sich anhören würden, sie erklingt an Orten, wo sie normalerweise mit Sicherheit nicht zu hören ist (ein Orchester in der Wüste oder im Schlachtengetümmel). So wie der Opernbesucher sich auf eine ungewöhnliche Wahrnehmungssituation einstellt, akzeptiert der Kinobesucher von vornherein die Künstlichkeit des ihm Angebotenen.

Die Kinoeintrittskarte ist ein Vertrag zwischen Regisseur und Zuschauer, in dem letzterer seine Bereitschaft erklärt, sich auf eine artifizielle Wahrnehmungssituation einzulassen. Der Filmanfang ist das Kleingedruckte dieses Vertrages, in dem der Rahmen abgesteckt wird, welche Art von artifizieller Wahrnehmung dem Zuschauer zugemutet werden soll. Die Musik am Anfang eines Films stellt die musikalischen Mittel des Komponisten vor, ob er großen opernhaften Gestus bemühen will, ob er auf schluchzende Geigen verzichten kann, ob er mit seinen Pfunden wuchern oder eher sparsam umgehen will. Der Anfang des Films und der Filmmusik demonstriert, worauf der Zuschauer sich ungefähr einzustellen hat; bleibt dieser akzeptierend sitzen, hat er einen wahrnehmungs-psychologischen Vertrag geschlossen, der in den folgenden 60 bis 120 Minuten u.a. die Verteilung seiner Wahrnehmungsenergien steuert. Wer sich heute einen Stummfilm anschaut, hat sich "vertraglich" verpflichtet, den übertriebenen Gestus der Schauspieler - etwa in

"Metropolis" - zu akzeptieren, weil er genügend Filmtheorie verinnerlicht hat um zu wissen, daß Stummfilm so arbeiten muß, um sich verständlich zu machen. So unterschiedliche Anfänge wie die von "Spiel mir das Lied vom Tod" und "Zauberberg" enthalten in kürzester Form die filmmusikalische Konzeption des gesamten Films.

Unabdingbare Voraussetzung für ein gelungenes, intensives Filmerlebnis ist, daß der dem Film eigene, artifizielle Charakter dem Zuschauer nicht bewußt wird, was in vielen Fällen gleichbedeutend ist mit einer organischen, ganzheitlichen Wahrnehmung, in der Bild, Ton und Musik nicht disparat auseinanderfallen, sondern als harmonisches Ganzes erlebt werden, wobei das Einzelne, z.B. die Musik, häufig nicht mehr bewußt wahrgenommen wird. Hier ist die entscheidende Funktion der Filmmusik am Anfang zu sehen, die den Zuschauer aus dem Zustand der alltäglichen Wahrnehmung geschickt hinüberleitet in eine Welt mit eigenen, "vertraglich" vereinbarten Wahrnehmungskonventionen. Je geschickter das anfängliche Vertragsangebot von Regisseur und Komponist an den Zuschauer formuliert wird, um so größer ist dessen Bereitschaft, sich auf ein intensives Filmerlebnis einzulassen und die Gesetze der alltäglichen Wahrnehmung hinter sich zu lassen. Bisweilen akzeptieren wir, daß dieser Vertrag nicht während des ganzen Films gilt, er darf - an entscheidenden oder überraschenden Handlungspunkten - dosiert verändert werden.

Die Erfahrung lehrt, daß Filmmusik nur sporadisch wahrgenommen wird. In erster Annäherung lassen sich grob drei verschiedene Zustände des Bild-Musik-Verhältnisses unterscheiden:

1. Musik und Bild sind beide im Bewußtsein und erscheinen disparat. Man betrachtet das Bild und versucht die Musik als etwas Nichtdazugehöriges (etwa Musik aus der Nachbarwohnung) auszublenden. Unter Umständen hat man alltagspsychologische Annahmen über die Wirkungen von Musik und versucht, diesen in seinem Erleben und Urteilen "korrigierend" zu begegnen.
2. Musik und Bild erscheinen zueinander passend, werden beide bewußt wahrgenommen, wenngleich mit unterschiedlichen Anteilen der Aufmerksamkeit.

3. Das filmische Geschehen ist so packend und zwingend, die Einheit von Bild und Musik so perfekt, daß eine einheitliche Wahrnehmung entsteht, die als nur auf den Film bezogen empfunden wird. Die Musik tritt nicht oder nur unwesentlich ins Bewußtsein. Ein "Verschwinden" der Musik wird aber auch dann zu beobachten sein, wenn sie nur als unauffällige Hintergrundmusik konzipiert ist und sich über längere Zeiträume nicht nennenswert verändert.

Das gern zitierte Bonmot, daß man gute Filmmusik nicht hören soll, bezieht sich auf die dritte Möglichkeit und ignoriert, daß audiovisuelle Rezeption i.A. zwischen verschiedenen Zuständen changiert. Nach welchen Gesetzmäßigkeiten dieses Changieren der Aufmerksamkeit von Seh- und Hörgewohnheiten erfolgt, ist bisher kaum bedacht worden. Die plausibelste Hypothese über das Verhältnis beider besagt, daß sie sich - wie in einem Nullsummenspiel - komplementär zueinander verhalten:

visuelle Aufmerksamkeit ————————>

auditive Aufmerksamkeit ————————>

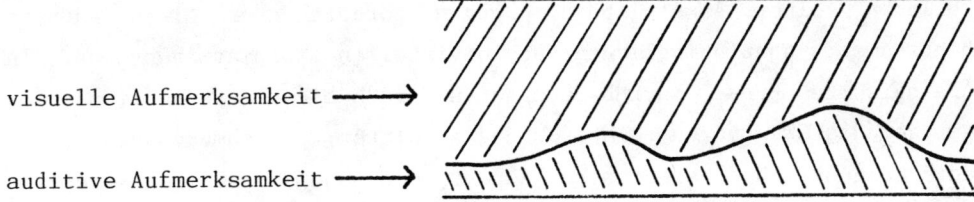

Es gilt nun, jene Momente ausfindig zu machen, die diese Dynamik der Verteilung der Wahrnehmungsenergien beeinflußt oder gar zwingend steuern. Grundsätzlich sind es vermutlich

    starke Reize (Lautstärke, Dissonanzen),

    prägnante Reize (z.B.leise(!) Trompete, konturhafte Melodik,
      ausgeprägter Rhythmus),

    disparate Reize (nicht zum Bild passende Musik, die auf etwas
      außerhalb des Bildes verweist), sowie

    sich verändernde Reize (Richtungswechsel, Taktwechsel),

die der auditiven Schicht höhere Aufmerksamkeitsanteile sichern. Wenn umgekehrt starke, prägnante, disparate und sich häufig verändernde Reize die visuelle Schicht - wie im Video-Clip - prägen, kann die Musik fast zur Hintergrundkulisse deklassiert werden. Die Möglichkeit, auf beiden Ebenen unterschiedlich viel Aufmerksamkeit beim Zuschauer zu beanspruchen, wie auch das Stilmittel, in beiden Ebenen gleichzeitig zu forcieren, stellt das obige Bild – Aufmerksamkeitsverteilung wie beim Nullsummenspiel – jedoch erheblich in Frage. Realistischer wäre deshalb ein Modell, in dem nicht nur der relative Anteil des Sehens und Hörens sondern auch der absolute Betrag der Aufsamkeitszuwendung sich im zeitlichen Verlauf ändert:

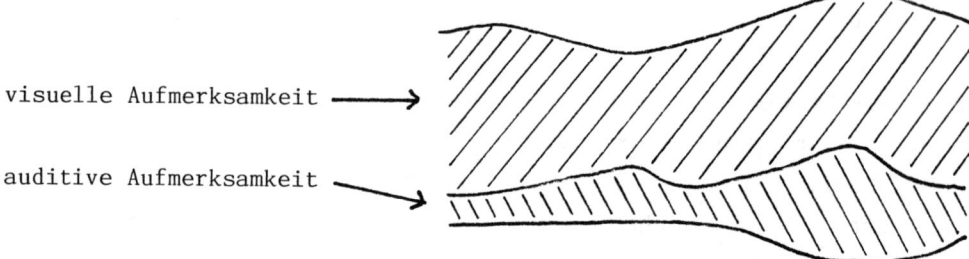

visuelle Aufmerksamkeit ⟶

auditive Aufmerksamkeit ⟶

Beim Hören und Betrachten eines lauten, ausgesprochen rockigen Video-Clips kann es zu einem bedingungslosen Konkurrenzkampf der Wahrnehmungsanteile kommen, Kandinskys Inszenierung von Mussorgskijs "Bildern einer Ausstellung" dagegen fördert eher einen äußerst behutsamen, unaufdringlichen audio-visuellen Modulationsprozeß. In Analogie zu Ernst Kurths "energetischer" Musikauffassung ließe sich gerade das Changieren relativer und absoluter Wahrnehmungsanteile als der eigentlich ästhetische Aspekt der audiovisuellen Rezeption begreifen, während das Gegenteil, nämlich konstante Anteile,

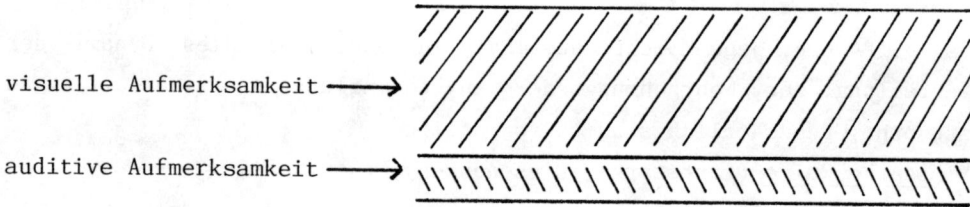

visuelle Aufmerksamkeit ⟶

auditive Aufmerksamkeit ⟶

garantierte Langeweile bedeuten.

Damit ist - sehr vorläufig und spekulativ - in etwa skizziert, welcher Art eine <u>Konkurrenz von Auge und Ohr</u> sein kann. Es gibt aber auch eine Konkurrenz zwischen verschiedenen Arten, Musik wahrzunehmen: im Konzert, unter dem walk-man, vor dem Video-Clip. Die immer zahlreicher werdenden Versuche, Musik im Fernsehen zu visualisieren, waren Anlaß genug, im April 1986 ein "lustvolles Symposion" mit dem Thema "stumm-film-musik-video - Die Konkurrenz von Auge und Ohr" durchzuführen, deren Beiträge hier im wesentlichen veröffentlicht werden. Das Referat von H. de la Motte-Haber ist zwischenzeitlich in "Musik und Bildung" (1986,Heft 9) erschienen, die Beiträge von C.Bullerjahn und H.Springsklee sind nachträglich hinzugekommen. Da der nun vorliegende Band keine Beiträge zur Stummfilmmusik selbst enthält, wurde der ursprüngliche Titel der Tagung entsprechend gekürzt.

S.Hermes, dem Leiter des Kommunalen Kinos der Stadt Hannover und Prof.Dr.R.Jakoby, dem Präsidenten der Hochschule für Musik und Theater Hannover, ohne deren unbürokratische Unterstützung diese Tagung nicht hätte zustande kommen können, sei hiermit nochmals herzlich gedankt.

"Mittlere Musik" als Komposition für den Film:
Das Beispiel Hanns Eisler

Hermann Danuser

Da ich nicht den Anspruch erheben kann, bei diesem Symposion als
Fachmann für Filmmusik das Wort zu ergreifen, möchte ich in meinem
Beitrag von dem mir vertrauten Boden der Musikhistorie aus einige
Fragen an die Filmmusikkomposition der ersten Jahrhunderthälfte
richten. Aus welchen Gründen wandte sich eine junge Komponistengeneration seit den zwanziger Jahren dem Film zu? In welchem Verhältnis
steht die Filmmusikomposition zu den übrigen Bereichen ihres Schaffens?
Wie ist sie strukturell beschaffen? Derlei Fragen möchte ich am
Beispiel eines Komponisten erörtern, der die Spannung zwischen der
hergebrachten Idee von Kunstmusik und der funktionsorientierten
Filmmusik exemplarisch ausgetragen hat - am Beispiel Hanns Eislers, der
bekanntlich Schüler Arnold Schönbergs und Anton Weberns war. Dabei
bietet sich uns die Gelegenheit, einige Proben von Filmmusik auch im
Lichte dessen zu erwägen, was Eisler - mit seinem damaligen Freund
Theodor W. Adorno - in dem Buch "Komposition für den Film"(1)
beschrieben hat. Da nicht vorausgesetzt werden kann, daß der im Titel
angesprochene, für die Fragestellung zentrale Begriff einer "mittleren
Musik", den ich seit einigen Jahren an verschiedener Stelle beigezogen
habe, hier vertraut ist, sei mir gestattet, in einem ersten Abschnitt
aus einem ihm gewidmeten Kongreßreferat von 1982 auszugsweise zu
zitieren(2), um Eislers Filmmusikschaffen in einem allgemeineren
musikhistorischen Kontext lokalisieren zu können.

I

Die Jahre um 1920, eine Zeit tiefgreifendster Wandlungen auch in der
Musikhistorie, lassen sich verstehen als Phase einer Generations-
verschiebung, insofern jenen Komponisten, welche ein Jahrzehnt zuvor
den Durchbruch zur Neuen Musik vollzogen hatten - vorab Arnold
Schönberg mit seinen Schülern Anton von Webern und Alban Berg, Igor
Strawinsky, Bela Bartok und in den USA Charles Edward Ives -, nach dem
Ersten Weltkrieg eine Reihe meist in den neunziger Jahren geborener

Kollegen an die Seite trat, die sich der Öffentlichkeit als zweite und junge Generation einer eigentlich "neuen" Musik einprägte. In Frankreich handelte es sich um einige in einem Freundeskreis verbundene Komponisten, welche als "Groupe des Six" bekannt wurden - in ihr am bedeutendsten Darius Milhaud (*1892), Arthur Honegger (*1892), Francis Poulenc (*1899) und Georges Auric (*1899) -, in Deutschland und Österreich Paul Hindemith (*1895), Ernst Křenek (*1900), Hanns Eisler (*1898) und Kurt Weill (*1900), in Rußland Serge Prokofjew (*1891) und später Dmitri Schostakowitsch (*1906), um nur die wichtigsten zu nennen. Zu einer musikgeschichtlichen Generation fügen sie sich weniger durch stilistische oder ästhetische Gemeinsamkeiten - eine Heterogenität des Stils rechnet im Gegenteil zu den Charakteristika auch einzelner dieser Komponisten - als durch ein kritisches Verhältnis zum musikalischen Autonomieprinzip, das von der "Vorkriegsgeneration" der neuen Musik noch fraglos vorausgesetzt worden war. Im Unterschied zur Vorkriegsgeneration, deren "Revolution" sich auf die künstlerischen Darstellungsmittel (Emanzipation der Dissonanz, Emanzipation des Rhythmus vom Taktmetrum) erstreckt hatte, bezog die Nachkriegsgeneration das Moment der Funktion in den Umbruchprozeß mit ein. Ihre Abkehr von der Tradition der absoluten Musik gestattete ein Neben- bzw. Nacheinander vielfältigster Ansätze und zeitigte ein rastloses, schnell und spontan entscheidendes Experimentieren innerhalb eines stilistisch und gattungsmäßig weitgespannten Bereichs von Musik, der insgesamt als "mittlerer" bezeichnet werden kann - zum einen im Hinblick auf den Kunstanspruch durch einen mittleren Stilhöhenbereich zwischen dem "Oben" der absoluten Kunstmusik und dem "Unten" schierer Trivialmusik, zum anderen im Hinblick auf den Stand des musikalischen Materials durch eine mittlere Position zwischen dem "Vorn" einer strikten (freien oder dodekaphonen) Atonalität und dem "Hinten" einer traditionellen funktionsharmonischen Tonalität. Keineswegs stellt die junge Generation dabei diese neuen Arten einer "mittleren" oder "artifiziellen Funktionsmusik", zu denen wesentlich auch Arbeiten für Medien (Rundfunk, Film), für Pädagogik und Politik zählten, der ehemaligen "Kunstmusik" kontradiktorisch entgegen; sie zielte vielmehr auf eine Einheit von Kunstgehalt und Funktionserfüllung, d.h. sie hielt den Grad der kompositorischen Artifizialität variabel, paßte ihn dem jeweiligen Funktionsanspruch an und achtete nur darauf, daß die Artifizialität der

- 15 -

Musik nie Gefahr lief, den Vorwurf, sie sei ein Selbstzweck, auf sich zu ziehen. Kompositionen in den tradierten Gattungen von Bühnen- und Konzertmusik wurden nicht ausgeschlossen, sondern in die Konzeption der "mittleren Musik" einbezogen, indem man ihnen Unterhaltungswert, Momente des Schocks ebenso wie des Spiels, überhaupt einen offenen Charakter verlieh.

Die Zuordnung der oben genannten jungen Komponisten zu einer "Generation"(3) ist vor allem dadurch begründet, daß diese Komponisten nach dem Ende des Ersten Weltkriegs ein neues musikalisches Paradigma, die "mittlere Musik", mit stilistischen, ästhetischen und institutionellen Implikationen geschaffen haben, das von unzweifelhafter Relevanz für die Zwanziger Jahre und für die beiden darauf folgenden Dezennien war und das sich von dem bislang vorausgesetzten Kunstideal einer ästhetischen Autonomie klar unterschied. Es fand rasch internationale Geltung im Zeichen einer grundsätzlichen Neuorientierung, wobei die Opposition gegen das Kunstideal einer als vergangen empfundenen Epoche gekoppelt war mit der Opposition gegen den Herrschaftsanspruch der deutschen Musik, den man vor allem im Gewicht des "Symphonischen" erblickte. Selbstverständlich unterschieden sich die Positionen der einzelnen Komponisten innerhalb des Paradigmas der "mittleren Musik" beträchtlich, indem der eine - etwa Arthur Honegger - stärker zur Autonomieästhetik, der andere - beispielsweise Georges Auric - stärker zur anspruchslosen Funktionsmusik tendierte. So kam denn auch der Konflikt zwischen den Generationen bei der Durchsetzung des neuen Ideals auf unterschiedlich scharfe Weise zum Tragen, und es ist wohl kein Zufall, daß er dort, wo das autonome Kunstideal am tiefsten verwurzelt war - in der Schönberg-Schule nämlich -, am heftigsten ausgetragen wurde, wie der Bruch zwischen Arnold Schönberg und seinem Schüler Hanns Eisler im Frühjahr 1926 erweist, der durch Eislers Hinwendung zu einem politisch-funktionalen Komponieren unvermeidbar geworden war.

Die Zugehörigkeit zur Schönberg-Schule, für die der Kunstanspruch einer Neuen Musik verpflichtend war, ist darum nur eine, wenn auch wichtige Wurzel von Eislers Schaffen. Sie hat ihr Gegengewicht in seiner Teilhabe an der Komponistengeneration der "mittleren Musik", deren

Arbeit den Erfordernissen des Tages, jedenfalls der Gegenwart galt. Eislers musikhistorische Bedeutung erwächst aus diesem Spannungs- verhältnis zwischen Schönberg-Schule und "mittlerer Musik", sein Rang daraus, daß er es zu großen Teilen fruchtbar zu entwickeln vermochte, so daß daraus mehr als ein fauler Kompromiß zwischen Kunst- und Funktionsanspruch resultierte. Begreiflicherweise konnte unter diesen Voraussetzungen seine Musik selten das von Schönberg, Berg und Webern gesetzte oberste Kunstniveau dieser Schule erreichen, andererseits wird daraus Eislers besondere Position innerhalb der "mittleren Musik" verständlich, die ihn auszeichnet im Hinblick auf die Logik der Musiksprache(4).

II

Zwischen 1927 und seinem Todesjahr 1962 hat Eisler für nicht weniger als 42 Filme ganz oder teilweise die Musik geschrieben, und zwar von 1927 bis 1933 in der Weimarer Republik, von 1933 bis 1947 auf verschiedenen Stationen seines Exils in Frankreich, England und vor allem den USA, dann schließlich in der DDR. Seine Entwicklung in der Filmmusikomposition entsprach in diesen Jahren und Jahrzehnten seiner allgemeinen Entwicklung als Komponist: Nach einem filmmusikalischen Erstling, der die Begleitung eines abstrakten Films enthält, ergab sich in den späteren zwanziger Jahren eine Nähe zur proletarischen Kampfmusik - kulminierend in "Kuhle Wampe" -, darauf in der amerikanischen Exilzeit eine Wiederannäherung an Schönberg und sein Musikideal (jedenfalls im Rahmen des Filmmusikprojektes), und schließlich war sein Komponieren in der DDR wiederum durch eine starke Zurücknahme des Komplexitätsanspruchs gekennzeichnet, nach Maßgabe einer "angewandten Musik", die sich nur noch bedingt zur Transformation in autonome Musik eignete.

Im Hinblick auf die Konditionen, die Eisler beim Komponieren von Filmmusik vorfand, kann man - ich stütze mich hierbei auf eine Publikation von Christian Kuntze, der anläßlich von Eisler- Filmmusik-Tagen in Westberlin im November 1982 eine umfangreiche Dokumentation herausgegeben hat (5) - dreierlei unterscheiden:

- unter Laborbedingungen (OPUS III (oder IV), Filmmusikprojekt)
- unter Bedingungen einer aktiven Mitgestaltung am Filmganzen (bei Regisseuren wie Ivens, Trivas, Dudow, Resnais u.a.)
- als Brotarbeit (u.a. acht Hollywoodfilme)

Die Filmmusiken der letztgenannten Kategorie können wir hier beiseite lassen, da in ihnen das Spezifische der Eislerschen Filmmusik entfällt. Worin aber besteht nun dieses Spezifische?

Filmmusik galt bekanntlich in weiten Kreisen als bloßer Faktor des Films, als ein Faktor, der dann am besten und gelungensten eingesetzt sei, wenn man ihn überhaupt nicht bewußt wahrnehme. So schreibt z.B. Rudolf Arnheim in seinem Buch "Film als Kunst": "...denn die Filmmusik war immer nur dann gut, wenn man sie nicht bemerkte, und gute Musik ist zu schade zum Nichtbemerktwerden! Die Filmmusik war an sich kaum mehr als eine schlechte Angewohnheit..." (6). Mit dieser Problematik sahen sich die Autoren von Filmmusik konfrontiert, deren Ehrgeiz es war, künstlerisch wertvolle Arbeit zu leisten, statt bloß aus pekuniären Gründen der Filmindustrie das zu liefern, was sie unter dem Gesichtspunkt einer konventionellen Ästhetik forderte.

Wenn wir nun danach fragen, wie sich diese spannungsreiche Situation ausgewirkt hat, dann lassen sich zwei Positionen idealtypisch voneinander unterscheiden, die in der Wirklichkeit freilich ineinanderflossen. Auf der einen Seite standen jene Komponisten - Arthur Honegger zum Beispiel gehört zu ihnen -, die ihr gesamtes Schaffen spalteten in einen künstlerisch wertvollen Bereich, zu dem die Filmmusik nicht zählte, und einen anderen, in dem sie Filmmusik als Broterwerb, ohne Rücksicht auf künstlerische Belange der musikalischen Komposition, schrieben. Auf der anderen Seite aber standen diejenigen Komponisten - Hanns Eisler rechnet exemplarisch zu ihnen -, die versuchten, die Filmmusik selber den Zwängen einer schlechten, weil nicht-musikalisch determinierten Ästhetik zu entziehen und sie so zu gestalten, daß sie, in welcher Form auch immer, künstlerisch- musikalisch wertvoll erschien und auch für sich gehört werden konnte. Ermöglicht wurde dies durch Eislers Konzept einer "angewandten Musik"(7).

Mit Ausnahme seines nicht umfangreichen frühen Instrumentalschaffens,
das er als Schönberg-Schüler schrieb, gibt es nämlich nur wenige
Instrumentalwerke, die Eisler ursprünglich als solche konzipiert hatte.
Sie sind alle entstanden aus sogenannter "angewandter Musik", also aus
Musik, die sich - nach seiner eigenen Definition(8) - "mit anderen
Künsten: mit Poesie, Theater, Film oder Tanz" verbunden hat. Wie
Komponisten von Ballettmusik - man denke an Ravel, Strawinsky oder
Prokofjew - ihre mit der Bühne verknüpften Konpositionen der
unmittelbaren choreographischen Bestimmung zum Teil entbunden und in
Form von "Suiten" auch für Konzertaufführungen verfügbar gemacht haben,
so löste Eisler bei Bühnen- und Filmwerken die Musik aus ihrem
ursprünglich gegebenen Funktionszusammenhang und präsentierte sie als
Konzertmusik. Andererseits zeigte er sich aber auch bei der mehrfachen
Verwendung bestimmter Stücke, seien es Vokal- oder Instrumentalstücke,
keineswegs zimperlich. Im Gegenteil, er war geradezu ein Meister der
Mehrfachverwendung bzw. -verwertung. Nun ist dies innerhalb der
Musikgeschichte keineswegs neu, es stellt vielmehr, außerhalb der
romantischen Musikästhetik mit ihrem Originalitätsanspruch, einen oft
gepflogenen Usus dar. Im 20.Jahrhundert dokumentiert das Faktum, zumal
in dieser Massierung, den Trimat der Funktionalität, den Eisler seiner
Musik zuschrieb und der es eben zuließ, daß ein und dasselbe Musikstück
in mehreren Kontexten Verwendung finden konnte. Es war dies ein Moment
der Arbeitsökonomie, das unabdingbar war, wollte er den spezifischen
Produktionsanforderungen gerecht werden, bei denen das Qualitative
niemals unabhängig von dem Zeitfaktor, den es implizierte, beurteilt
werden durfte. Ein selbstversunkenes Komponieren, bei dem es um die
Lösung kompositorischer Probleme an sich ging und bei dem der Termin
der Fertigstellung keine Rolle spielte, gibt es bei Eisler selten.
Andererseits aber war er, trotz seiner politischen Wendung zum
Kommunismus und zur "mittleren" oder artifiziellen Funktionsmusik, noch
Schönberg-Schüler genug, um eine dauerhafte Qualität seiner Musik zu
erstreben, die für sich selbst einzustehen vermöchte.

Ein Beispiel solcher Mehrfachverwertung hat Manfred Grabs, der einstige
Leiter des Ostberliner Eisler-Archivs in einem Aufsatz über "Film- und
Bühnenmusik im sinfonischen Werk Hanns Eislers" beschrieben(9). Es

handelt sich dabei um den Allegro-Assai-Teil des zweiten Satzes der "Kleinen Sinfonie" opus 29 (1931-34), eine aggressive, trockene, unsentimentale Musik, gewissermaßen eine instrumentale Kampfmusik.

(Musikbeispiel)

Außer der Kleinen Sinfonie fand dieses Stück Verwendung im A-Teil der Ouvertüre zu dem Schauspiel "Kamerad Kaspar" (1932), bildet das zweite Couplet eines rondoähnlichen Satzes in der Filmmusik zu "Die Jugend hat das Wort" (1932), ist auch Teil der gleichnamigen Suite für Orchester Nr.4 (1932), gehört ferner zur Filmmusik zu "Abdul Hamid" (1935) und ist außerdem als Ouvertüre in der "Puntila"-Musik (1955) verwendet worden, desgleichen im "Lied von der Tünche" aus "Die Rundköpfe und die Spitzköpfe" (1934-36). Mit einer siebenfachen Verwendung in immerhin fünf verschiedenen Gattungsbereichen (darunter auch der Filmmusik) ist dies ein extremes Beispiel, aber es steht ein für einen allgemeinen Sachverhalt im Schaffen Eislers.

Es gibt, um zusammenzufassen, mehrere Gründe, weswegen gerade die Filmmusik paradigmatisch werden konnte für die Bemühungen der jungen Komponisten und insbesondere Eislers um eine "mittlere Musik". Erstens stand die Filmmusik außerhalb des Verdachts, in ihr würde die abgewiesene spätromantisch-moderne Weltanschauungsmusik als absolute Tonkunst überleben (obwohl sie sich - zumal im Tonfilm der dreißiger und vierziger Jahre - einiger ihrer Ausdrucksidiome bemächtigte); zweitens eröffnete die junge "Gattung" mannigfache Perspektiven der erstrebten interdisziplinären, experimentellen Zusammenarbeit mit anderen Künstlern (so beim Fest "Deutsche Kammermusik" 1927 in Baden-Baden); drittens machte Filmmusik jene Stilvielfalt erforderlich, die ein Charakteristikum der "mittleren Musik" ist, weil sie in verschiedenartiger Weise auf die Bildinhalte Bezug nimmt und hierbei nicht an das Gebot einer stilistischen Einheitlichkeit gebunden ist; viertens - und keineswegs letztens - eröffnete sie Möglichkeiten des Gelderwerbs; und fünftens kam bei Eisler die Einsicht hinzu, daß für den Zweck politischer Aufklärung bzw. Propaganda der Film ein ausgezeichnetes Medium sei, das keineswegs unbeachtet bleiben durfte. Da von ihm der Kampf gegen die politische und der gegen die musikalische Dummheit als ein und derselbe aufgefaßt und geführt wurde, griffen diese Begründungsmomente zugunsten der Filmmusik- komposition direkt ineinander.

III

Das stilistische Spektrum Eislers ist gerade auch im Bereich der Filmmusik ungewöhnlich breit. Theoretisch ist diese stilistische Vielfalt im Buch "Komposition für den Film" durch den folgenden Satz begründet, der gegenüber dem Musikbegriff der Schönberg-Schule auf eine Trennung zwischen musikalischem Material und kompositorischer Verfahrensweise zielt: "Trügt jedoch nicht alles, dann hat die Musik heute eine Phase erreicht, in der Material und Verfahrensweise auseinandertreten, und zwar in dem Sinn, daß das Material gegenüber der Verfahrensweise relativ gleichgültig wird."(10)

Ich muß es mir hier ersparen, auf die pikante Wirkungsgeschichte dieses Satzes einzutreten, der, als vermeintlich von Eisler formuliert, um 1970 gegen Adorno und die "Neue Musik" ausgespielt wurde, obwohl er vermutlich von Adorno selber stammt. Außer Zweifel steht indes, daß Eisler sich in seinem Schaffen grundlegend auf ihn gestützt hat, da er es ihm ermöglichte, nach seiner Absage an die Neue Musik um 1926/27 auch bei leichter verständlicher Musik nicht auf künstlerische Qualität verzichten zu müssen.

Wir finden eine Spannweite von komplexem zu einfachem Material auch bei jenen Kompositionen, die Eisler um einer experimentellen künstlerischen Zielsetzung willen im Rahmen des Filmmusik-Projektes 1940-42 in den USA schrieb. Das in diesem Zusammenhang entstandene, von Eisler und Adorno gemeinsam verfaßte Buch "Komposition für den Film", dessen beste Ausgabe heute wohl in der Eisler-Gesamtausgabe (herausgegeben von Eberhardt Klemm) vorliegt, ist ein gewichtiges theoretisches Werk zur Filmmusik. Meines Wissens ist eine kritische Untersuchung der im Anhang beschriebenen Eislerschen Filmmusiken im Lichte der in der Abhandlung exponierten Theorie bislang noch nicht unternommen worden. Ich halte dies für wichtig und lohnend, kann allerdings selber hier nur einiges Wenige dazu bemerken.

Gemäß dieser Theorie soll Filmmusik, entgegen einer weitverbreiteten Praxis, den Bildinhalt nicht mit Klängen verdoppeln, verstärken, untermalen, illustrieren, sondern soll nach Möglichkeit das Bildgeschehen kommentieren, einen Kontrast zu ihm stiften, ihm sogar gelegentlich widersprechen. Dafür wurde der Begriff des "dramaturgischen Kontrapunkts" geprägt(11); als locus classicus gilt nach wie vor jene Szene aus "Kuhle Wampe", in der die Bilder die Trostlosigkeit der Massenarbeitslosigkeit zeigen, die Musik jedoch, anstatt Trauer und Mitleid zu evozieren, einen aufwühlenden, agitatorischen Gestus besitzt. Mit Recht sieht Eisler in Verfahren der Neuen Musik eine günstige Chance, dem Fragmentarischen, Offenen von Filmmusik im engen Zusammenhang mit der wechselnden Folge der Bilder kompositorisch gerecht zu werden. Wenn Eisler mithin auf der Selbständigkeit der musikalischen Dimension beharrt - und er tut dies hartnäckig -, dann ist in keiner Weise gemeint, der Komponist habe vor allem der Musik Genüge zu tun und könne der spezifischen Beziehung zum Film einigermaßen gleichgültig gegenüberstehen: ein "dramaturgischer Kontrapunkt" werde sich schon von alleine ergeben. Im Gegenteil, dies wäre nichts als ein Fall jener Beziehungslosigkeit zwischen Musik und Film, die Eisler/Adorno als Kardinalfehler anprangern.

Im Zentrum von Eislers Theorie steht der Begriff der Montage, und zwar in der Bedeutung eines Verfahrens, das es gestattet, die überlieferten Kompositionstechniken der Kunstmusik, die im 19.Jahrhundert innerhalb einer Ästhetik des Organischen entwickelt wurden, im filmmusikalischen Rahmen einer Ästhetik des "Mechanischen" zur Geltung zu bringen, indem musikalische Funktionen wie Anfang, Exposition, Durchführung, Öffnen, Schließen, Abgesang usw. als isolierte Kompositionsprinzipien frei verfügbar werden(12).

Das Ideal einer Zusammenarbeit zwischen Regisseur und Komponist, das darin bestünde, daß beide gleichberechtigt von Anfang an miteinander zusammenwirken und der Regisseur beim Bildschnitt auch auf musikalisch-"immanente" Wünsche des Komponisten Rücksicht nimmt (statt nur umgekehrt der Komponist auf Wünsche des Regisseurs, wie es meist der Fall ist), konnte in Eislers Arbeiten im Filmmusik-Projekt kaum

eingelöst werden. Denn er war gezwungen, von einem vorgegebenen
Filmmaterial auszugehen und die Musik experimentell hinzuzufügen; auf
den Bildschnitt hatte er nur begrenzten Einfluß, konnte freilich mit
dem Material nach Belieben schalten und walten.

Dieser Sachverhalt erscheint von Belang für eine Klärung folgender
Fragen: Inwieweit werden diese Filmmusiken ihrem theoretisch erhobenen
Anspruch gerecht, auch außerhalb des filmischen Kontextes als Musik sui
generis gehört und verstanden zu werden? Welche Sinnzusammenhänge
werden durch die Musik gestiftet? Ergeben sich Widersprüche zwischen
Anspruch und Einlösung? Diese Fragen zielen darauf ab, die Musik unter
Absehung von ihrem funktionellen Kontext im Film auf die Stimmigkeit
ihrer Struktur hin, ihre Ästhetik, ihren Gehalt zu untersuchen.
Selbstverständlich gehört, wie im Falle von Programmusik, wenigstens
die Kenntnis des Sujets, des Filmstoffes, zu den Voraussetzungen einer
Untersuchung, doch nicht einmal dies erscheint unbedingt erforderlich:
Hat Eisler doch, z.B. bei der 6. Orchestersuite opus 40 - sie ist aus
der Musik zum französischen Spielfilm "Le Grand Jeu" 1933/34 (Drehbuch:
Charles Spaak, Regie: Jacques Feyder) hervorgegangen -, in der
Partiturabschrift programmatische Satztitel, die auf die Bildsequenzen
verweisen, später gestrichen(13), so daß die Rezeption von seiten des
Komponisten eher im Sinne von "absoluter" als von "Programmusik"
vorgesehen ist.

IV

Das Septett Nr.1 opus 92a, ein suitenartiges Werk in neun Sätzen, ist
aus der Musik zu "Kinderszenen" (einem Film des Regisseurs Joseph
Losey) hervorgegangen. "Aufgabe der Musik", so schreibt Eisler, "war
es, den Film von der üblichen, süßlich sentimentalen und humoristischen
Kinderbilder-Romantik der Magazinsphäre fernzuhalten."(14) Die Partitur
ist kammermusikalisch konzipiert, für sieben Soloinstrumente: Flöte,
Klarinette, Fagott und Streichquartett. Eisler hat die Filmmusik mit
einer Länge von 22 Minuten auf ein Werk von 15 Minuten Aufführungsdauer
zusammengedrängt bzw. verkürzt. Dieses Septett ist ein gutes Beispiel
für seinen Anspruch, auch mit einfachem Material gute, nicht "dumme"
Musik zu schaffen. Zugrunde liegen ihm, entsprechend dem Filminhalt,
amerikanische Kinderlieder, Nursery Rhymes: "Strawberry Fair",

"Sourwood Mountain", "Little Ah Sid" u.a.m. Eisler spricht davon, daß die Gefühlsskala seiner Musik hier "wirklichen Ernst, Trauer, Nervosität, selbst Hysterie" ausdrücke(15). In der Tat bestimmen die Kinderlieder zwar das Basismaterial, nicht jedoch die Ästhetik dieser Musik. Das einfache, diatonische Melodiematerial wird einer kontrapunktisch-harmonischen Bearbeitung unterworfen, wird in einen tonal-erweiterten Kontext eingefügt, innerhalb dessen es zusätzliche Farben gewinnt und gegenüber der gängigen Art der Liedbegleitung verfremdet erscheint.

Greifen wir als Beispiel den fünften Satz aus dem Septett heraus. Eisler sagt von ihm, die Filmsequenz von vier Minuten Dauer sei ein Potpourri von "Spieldetails", die von der Musik vereinheitlicht würden. Sie sei gebaut als Einleitung, Kinderlied mit drei Variationen und Coda. Hier sei einmal eine Form der autonomen Musik genau auf den Film angewandt(16). Eines der Ziele, die es hier zu erreichen galt, war eine zeitliche Flexibilität der einzelnen Variationen. Das Thema, ein schlichtes sechzehntaktiges Sätzchen in E-Dur, bestehend syntaktisch aus einer achttaktigen Periode (A), einer viertaktigen Zwischenphrase (B) und einem abrundenden viertaktigen Nachsatz (A'), geht zurück auf das amerikanische Volkslied "Little Ah Sid", das in der von Carl Sandburg herausgegebenen Sammlung "The American Songbag" in folgender Melodiefassung veröffentlicht ist:

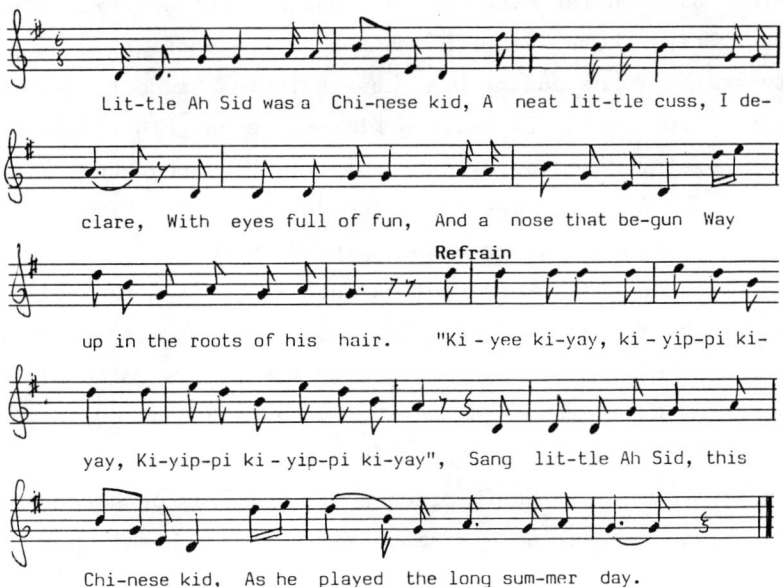

Das Thema des Eislerschen Satzes ist nichts anderes als eine kammermusikalische Fassung dieses Liedes, wobei - von geringfügigen melodischen Varianten abgesehen - vor allem der Rhythmus nach Vorgabe von Takt 3 des Liedes vereinheitlicht ist und die (Strophen-) Außenteile A bzw. A' im Streichersatz von dem (Refrain-) Mittelteil B mit der hervortretenden Klarinettenmelodie instrumentationsmäßig abgehoben sind.

In allen Variationen erscheint dieses Thema an mehreren Stellen syntaktisch verändert, vor allem gedehnt. Der Variationsbegriff, der dem Satz zugrunde liegt, ist weit gefaßt: er umfaßt Instrumentation - das thematische Material erscheint in verschiedenen Instrumenten und Satzlagen -, Tonsatzstruktur, Begleitung, Harmonik und vor allem auch Syntax (d.h. Bau und Umfang der einzelnen Taktgruppen).

In der ersten Variation wird die E-Dur-Liedmelodie nach F-Dur versetzt, überdies in eine hohe Lage, in der sie im schrillen Piccoloflöten-Klang ertönt; im Nachsatz derselben Variation wird die Höhe in Tiefe verwandelt - das Fagott tritt, mit ulkigem Gestus, in Aktion. Diese Variation kann für das Witzige, das Spielerische, gelegentlich selbst das Parodistische einstehen, welches Eisler dieser Musik über amerikanische Kinderlieder verliehen hat. In der folgenden Variation wendet sich die Musik einem ganz anderen Tonfall zu, dem einer ergreifenden Traurigkeit, einer Melancholie, die doch jeglicher Art von Sentimentalität fernsteht. Die beschwingte Staccato-Melodie ist transformiert in einen Dialog von Klarinette und Flöte/1.Violine, im Wechsel von Legatophrase und Staccatoantwort. Die Sphäre des Kindes ist hier in der Erinnerung gesehen, aus der Sicht des Erwachsenen. Die Musik hat in diesen Takten eine innige Zärtlichkeit, die um so mehr berührt, weil sie bei Eisler selten auftritt, einem Komponisten, der mehr das Trockene, Harte bevorzugt. Dieser Tonfall wird im übrigen in dem letzten Stück des Septetts noch vertieft, als wolle Eisler - in diesem Werk der Exilzeit - eine musikalische recherche du temps perdu, ganz in der Nähe Mahlers, anstellen. In der nächsten Variation des fünften Satzes nimmt die Musik einen quirligen Presto-Charakter an und mündet erst nach mehreren Zwischenpassagen unterschiedlicher Struktur in eine Coda.

(Musikbeispiel: Septett Nr.1 op. 92a, 5.Satz)

Im Zusammenhang von Bildsujet (Szenen spielender Kinder) und musikalischer Gestaltung (Kinderlieder als thematisches Material sowie die bunte Satzfolge einer Suitenform) erscheint das Septett Nr.1 unter den Kompositionen, die Eisler im Rahmen des Film Music Projects schrieb, als dasjenige Werk, welches die Ästhetik einer "mittleren Musik" am unmittelbarsten realisiert.

V

Anders verhält es sich bei "Naturszenen", anders auch bei "Regen". Bei "Naturszenen", einem Film mit dem Titel "White Flood" (Regie: Osgood Field), handelt es sich um einen Kulturfilm (educational film) von 20 Minuten Länge, der Bewegungen von Eisformationen, Eisbergen usw. darstellt. Eisler gestaltete die (am 9. Juli 1940 beendete) Filmmusik so, daß er sie ohne Änderung als fünfsätzige "Kammersinfonie für 15 Instrumente" (op. 69) bezeichnen konnte. Zur Komposition schreibt er: "Die Naturszenen boten Anlaß zu ausführlicheren, komplexeren musikalischen Lösungen. Die Abwesenheit von Aktion... gibt ihr größeren Bewegungsraum. Andererseits verlangt gerade die Lockerheit und Unverbindlichkeit der Bildfolgen Rückhalt an artikulierten musikalischen Formen. Dadurch freilich ist die Gefahr der Beziehungslosigkeit gegeben: daß die Musik, einmal losgelassen, nur auf sich selber Bedacht nimmt und überwertig wird. Es wurde versucht, dem zu begegnen, indem die Musik bei vollster Wahrung ihrer formalen Selbständigkeit - die freilich selber wieder von der Bildstruktur angeregt ist - allen Details des Bildverlaufs und der Kamerabewegung und -einstellung folgt. Die Autonomie der Musik wird dadurch ausgeglichen, daß sie in der synchronen Behandlung der einzelnen optischen Momente die Exaktheit eines animated cartoon (Zeichentrickfilm) anstrebt."(17)

Eisler überschreibt die fünf Sätze der Kammersymphonie mit den Formbegriffen: Invention, Choralbearbeitung, Scherzo mit Trio, Etüde,

Sonaten-Finale. Bedenkt man die Gattungsgeschichte der Symphonie vor allem im 19.Jahrhundert, dann kann man sich fragen, ob die Benennung des Werkes nicht etwas Usurpatorisches an sich habe. Freilich wollte Eisler hiermit weder Symphonik als Weltanschauungsmusik aktualisieren - dies tat er in gewissem Sinn in seiner gleichfalls im Exil entstandenen Deutschen Symphonie -, noch wollte er - wie im Falle seiner Kleinen Symphonie von 1932 (18) - eine "Anti-Symphonie" schreiben. Der Begriff Kammersymphonie, den er wählte, verweist vielmehr auf seinen Lehrer Arnold Schönberg. Von dessen Kammersymphonien unterscheidet sich die Eislersche indessen tiefgreifend: zunächst in der Besetzung, indem Eisler zwei elektrische Instrumente beizieht, Elektrisches Klavier und Novachord, welche den traditionellen Klangcharakter, der bereits durch die solistische Instrumentation verändert wird, vollends dem überlieferten symphonischen Klang entfremden. Ein Moment des Mechanischen, des Kalten, des Nicht-Beseelten tritt damit hinzu, ein Moment, das freilich dem Sujet des Films, der nordischen Eiswelt, vorzüglich entspricht. Was ferner Eislers Kammersymphonie von denjenigen Schönbergs unterscheidet, ist das Fehlen von Sonaten-formprinzipien. Auch in diesem Werk tritt eine Eigenheit Eislers hervor, die Dominanz von strengen Satztechniken und Variationsformen gegenüber eigentlichen sonatenhaften Entwicklungsformen. Gleich die ersten beiden Sätze beruhen auf strenger Satztechnik: der Kopfsatz ist eine Passacaglia, der zweite Satz eine "Choralbearbeitung". Diese Techniken, die in der traditionellen Symphonik nur ausnahmsweise auftraten (man denke an Brahms' Vierte), werden gestützt durch die besondere Art und Weise, in der Eisler die Zwölftontechnik, auch hier in diesem Werk, behandelt. Sie beruht, statt auf einer abstrakten Reihenstruktur, meist auf hörbaren, thematisch-melodischen Gebilden und stiftet so einen innermusikalischen Zusammenhang werkzyklischer Art. Die Zwölftontechnik wird, man bedenke: bei einer Filmmusik!, zu einem Garanten der Einheit des Werkes.

Zum ersten Satz der Kammersymphonie - Eisler hat ihn in der Partitur nicht mit Passacaglia, sondern mit Invention überschrieben - äußert er: "Die Idee der Invention, die ständige Versetzung des Themas in verschiedene Lagen, wird vom Bild angeregt, das ein 'Thema', die Entstehung von Gletschern, in verschiedener Perspektive, ja gleichsam

auf wechselnden Ebenen, demonstriert."(19) Dieses Thema wird, als
Zwölftonmelodie, am Anfang des Passacaglia-Satzes im Horn exponiert:

Danach erscheint es mehrfach in wechselnden Kontexten, oft eigentümlich
verfremdet durch den mit Trillern und ornamentalen Figuren verstärkten
Klangcharakter der elektrischen Instrumente.

(Musikbeispiel: Kammersymphonie, op. 69, 1. Satz)

Diese zu den Eis-Naturszenen komponierte Musik ist, im Ganzen des
Eislerschen OEuvres, von einer besonderen Sperrigkeit und Sprödigkeit.
Und es will mir scheinen, als habe eine solche Ästhetik der Kälte außer
dem Instrumentarium und dem filmischen Sujet einen Grund auch in
Eislers menschlicher Physiognomie, die ihn als eine völlig unsenti-
mentale, intellektuelle Persönlichkeit ausweist.

Viel näher an Schönbergs musikalisches Idiom kam Eisler in seiner wohl
bekanntesten Komposition aus dem Film Music Project, der Musik zum Film
"Regen" von Joris Ivens, einem 1929 gefilmten Streifen, der
verschiedene Arten des Regens, in Amsterdam aufgenommen, zeigt. Diese
Musik wurde als sein opus 70 unter dem Titel "Vierzehn Arten, den Regen
zu beschreiben" veröffentlicht. Es handelt sich um ein zwölftöniges
Variationenwerk für die Besetzung, die Schönberg in seinem "Pierrot
Lunaire" gewählt hatte: Flöte, Klarinette, Violine (Viola), Cello und
Klavier. Eisler widmete es Schönberg zum 70. Geburtstag 1944.

Berndt Heller, dem eine Rekonstruktion dieser Filmmusik gelungen ist
- Eislers originaler Tonfilm ist verschollen -, hat mit seinen
Untersuchungen erweisen können, daß die Filmmusik unverändert als
Kammermusik-Werk übernommen wurde, lediglich die Numerierung der Sätze
wurde geändert und einige auf den Film Bezug nehmende Eintragungen in
der Partitur eliminiert(20). Mit dieser Komposition, die in der Dichte
der Polyphonie, der Plastik der thematischen Gestalten, der Prägnanz
der Charaktere im Zentrum der Schönberg-Schule steht und gleichwohl

ganz "Eislersch" ist, erscheint ein Grenzbereich der "mittleren Musik" erreicht, denn die Werke Schönbergs, Bergs und Weberns sind strikt jenseits der "mittleren Musik", nämlich als hohe Kunst mit dauerhaftem Anspruch, konzipiert. Und gleichwohl bleibt dieses Quintett insofern "mittlere Musik", als die postulierte Autonomie der Musik gleichzeitig heteronom ist, als Filmmusik nämlich, die in ihrer Zeitfolge die vorgegebenen Bildsequenzen präzis in Rücksicht stellt. Musik vermag hier tatsächlich gleichzeitig autonom und heteronom zu sein. Und zwar deshalb, weil sie Neue Musik ist. Weil in ihr eine Prosa der Form und eine Prosa der Syntax komponiert sind, die gleichermaßen auch in autonomen Werken der Wiener Schule zum Tragen gelangten, die es hier aber gestatteten, bis ins Einzelne den Unregelmäßigkeiten filmischer Sequenzen zu folgen und diese zu reproduzieren, ohne daß ein Bruch in den musikalischen Konstruktionsprinzipien spürbar würde.

Mit diesem Werk der Neuen Musik, einer kompromißlosen Neuen Musik, schuf Eisler ein Kunstwerk der Moderne, das seine Entstehungsbedingungen im Rahmen einer "mittleren Musik", einer artifiziellen Funktionsmusik, transzendiert. In der Loslösung vom Film stellt sich die "Regen"-Musik wirkungsgeschichtlich nicht anders dar als Schönbergs "Begleitmusik zu einer Lichtspielszene"(21) oder Bergs Filmepisode im zweiten Akt der "Lulu", Beispiele einer letztlich aporetischen Auseinandersetzung der Komponisten der Wiener Schule mit den - von ihnen verkannten - Möglichkeiten des neuen Mediums Film. Im Unterschied zu Berg und Schönberg aber war Eisler, der sich wie manch andere Komponisten seiner Generation pragmatisch dem Film zugewandt hatte und im Rahmen der funktionsorientierten "mittleren Musik" ein umfangreiches Filmmusikschaffen realisierte, ein genuiner Komponist von Filmmusik. Und doch gibt sich Hanns Eisler mit dieser Hommage an Arnold Schönberg, gewiß einem Extremfall innerhalb seiner Komposition für den Film, nicht als ein Vertreter der Schönberg-Schule zu erkennen, mit einer Filmmusik nämlich, die sich als Filmmusik aufhebt?

Anmerkungen

Der hier gedruckte Text wahrt den Stil der mündlichen Rede, in dem der Autor sein Referat gehalten hat. Zur Veranschaulichung des Gedankengangs wurden im Vortrag mehrfach Klangbeispiele vorgeführt. Da ihr Abdruck als Notenbeispiele hier nicht möglich ist, wurde an den entsprechenden Stellen des Textes ein Hinweis auf die gespielte Musik angebracht.

1) Zur Editionsgeschichte des 1947 erstmals unter Eislers Namen publizierten Buches "Composing for the Films" vgl. das Vorwort Eberhardt Klemms in der von ihm besorgten textkritischen Ausgabe: Theodor W. Adorno. Hanns Eisler, Komposition für den Film (= Hanns Eisler, Gesammelte Werke, Serie III, Bd.4), Leipzig 1977, S. 5ff.

2) Die "mittlere Musik" der zwanziger Jahre, in: Kongreßbericht Straßburg 1982. La musique et le rite. Sacré et profane, Vol.II, hrsg. von Marc Honegger und Pavel Prevost, Straßburg 1986, S.703 ff.

3) Vgl. hierzu vom Verf., Generationswechsel und Epochenzäsur - Ein Problem der Musikgeschichtsschreibung des 20.Jahrhunderts, in: Ausstellungskatalog der Paul-Sacher-Stiftung anläßlich des 80. Geburtstags von Paul Sacher, hrsg. von H.J.Jans, Basel 1986, S. 47ff.

4) Über Eislers Stellung innerhalb der Schönberg-Schule vgl. vom Verf., Hanns Eisler - Zur wechselhaften Wirkungsgeschichte engagierter Musik, in: Die Wiener Schule heute, hrsg. von C.Dahlhaus (= Veröffentlichungen des Instituts für Neue Musik und Musikerziehung Darmstadt, Bd. 24), Mainz 1983, S. 87ff.

5) Hanns Eisler - Komposition für den Film. Dokumente und Materialien zu den Filmkompositionen Hanns Eislers, hrsg. von den Freunden der Deutschen Kinemathek, Redaktion Christian Kuntze (= Materialien zur Filmgeschichte, Nr. 12), Berlin 1982. Darin der Aufsatz von Christian Kuntze, Einführung: Filmmusik bei Hanns Eisler, S. 1ff.

6) Neuausgabe München 1974, S. 304f.

7) Vgl. den Sonderband der Zeitschrift "Das Argument" über "Angewandte Musik 20er Jahre" (= Argument Sonderband 20), Berlin 1977.

8) Hanns Eisler, Brief nach Westdeutschland 1951, in: Ders., Materialien zu einer Dialektik der Musik, hrsg. von M. Grabs, Leipzig 1976, S. 205f.

9) Manfred Grabs, Film- und Bühnenmusik im sinfonischen Werk Hanns Eislers, in: Sammelbände zur Musikgeschichte der DDR I (1969), S.24f., zit. nach Bernd Sponheuer, Angewandte Instrumentalmusik. Hanns Eislers Kleine Sinfonie op. 29, in: Die Musikforschung 32 (1979), S. 267f.

10) Komposition für den Film, op. cit. (s. Anmerkung 1), S. 125.

11) Ebd., S. 62f.

12) Ebd., S. 111f.

13) Vgl. das Vorwort Eberhardt Klemms zu der von ihm besorgten Ausgabe der Eislerschen Suiten für Orchester Nr. 5 (op. 34) und Nr. 6 (op. 40) im Rahmen der Hanns-Eisler-Gesamtausgabe, Serie II, Bd.3, Leipzig 1977.

14) Komposition für den Film, S. 192.

15) Ebd.

16) Ebd., S. 194.

17) Ebd., S. 195.

18) Vgl. hierzu den in Anmerkung 9 zitierten Aufsatz von Bernd Sponheuer.

19) A.a.O., S. 196.

20) Berndt Heller, Bericht über die Rekonstruktion der Filmmusik Eislers für "Opus III", "Regen" und "Circus", in: Hanns Eisler - Komposition für den Film, op. cit. (s.Anmerkung 5), S. 43ff.

21) Vgl. dazu Helga de la Motte-Haber und Hans Emons, Filmmusik. Eine systematische Betrachtung, München/Wien 1980, S. 84f.

Kandinskys "Bemalung" von Mussorgskijs "Bildern einer Ausstellung"

Klaus-Ernst Behne

1. Hintergrund

Es sind schon recht merkwürdige Zufälle, die die Entstehung dieser wohl einmaligen Inszenierung erst verständlich machen. Daß jene beiden Maler, die die Entwicklung der abstrakten Malerei - auch in der Theorie - entscheidend initiierten und prägten, Kandinsky und Klee, beide ein intensives Verhältnis zur Musik hatten und zweimal in ihrem Leben (in München und später in Dessau) in unmittelbarer und freundschaftlicher Nachbarschaft lebten, ist ein Zufall. Aber ebenso bemerkenswert ist sicherlich auch, daß Kandinsky 1911 in einen (zeitweilig freundschaftlichen) Briefwechsel mit A.Schönberg trat, also jenem Musiker, dem die Musikgeschichte unseres Jahrhunderts die entscheidenden Impulse auf dem Weg zur Atonalität verdankt. Daß der Verzicht auf den Gegenstand und der auf die Tonalität in etwa zugleich erfolgte - ein dritter merkwürdiger Zufall ? - , ist schließlich eine kulturgeschichtliche Koinzidenz, die zwangsläufig immer wieder zu schönen Spekulationen Anlaß gibt, daß die beiden Protagonisten sich hierüber persönlich austauschen konnten, der Musiker malte und der Maler sich zur Musik hingezogen fühlte, hat die Theoriebildung bei beiden sicherlich fruchtbar bereichert.

Kandinsky war vermutlich "normal" musikalisch, seine Ausbildung (Cello, Klavier) entsprach jener, die damals im gehobenen Bürgertum erwartet wurde, in der Musiktheorie war er nicht sonderlich bewandert, was er einmal selbst beklagt. Seine Einstellung zur Musik war nicht durch Unterricht, sondern durch ein Erlebnis geprägt. Er beschreibt in seinen "Rückblicken" zunächst in üppigen "Musikalismen" einen Moskauer Abend: "Schlußakkord der Symphonie, die jede Farbe zum höchsten Leben bringt, die ganz Moskau wie das forte fortissimo eines Riesenorchesters klingen läßt. Rosa, lila, gelbe, weiße, blaue, pistaziengrüne, flammenrote Häuser, Kirchen - jede ein selbständiges Lied (...), der mit tausend Stimmen singende Schnee, oder das Allegretto der kahlen Äste. (...) Diese Stunde zu malen, dachte ich mir als das unmöglichste und höchste

Glück eines Künstlers".

Dieses synästhetisch überformte Naturerlebnis brachte R.Wagner in Kandinsky zu neuem Klingen:

"Lohengrin schien mir aber eine vollkommene Verwirklichung dieses Moskau zu sein. Die Geigen, die tiefen Baßtöne und ganz besonders die Blasinstrumente verkörperten damals für mich die ganze Kraft der Vorabendstunde. Ich sah alle meine Farben im Geiste, sie standen vor meinen Augen. Wilde, fast tolle Linien zeichneten sich vor mir. Ich traute mich nicht den Ausdruck zu gebrauchen, daß Wagner musikalisch 'meine Stunde' gemalt hatte." (S.190) (1)

Auch wenn wir Kandinsky heute im wesentlichen als Maler sehen, so war das Verhältnis der Künste zueinander für ihn zeitlebens zentraler Gegenstand seiner theoretischen Schriften, so erstmals umfassend 1912 in der Schrift "Über das Geistige in der Kunst" (Schönbergs "Harmonielehre" war ein Jahr zuvor erschienen!). Seine Theorie der Malerei verwendet absichtlich musikalische Termini. So wird zwischen melodischen, symphonischen und rhythmischen Kompositionen unterschieden, in den Bildtiteln häufen sich (wie bei Klee) musikalische Anspielungen und das eigene Schaffen, die "neuen symphonischen Kompositionen", werden, wiederum musikalisch angeregt, in "Impressionen", "Improvisationen" und "Kompositionen" unterteilt:
 Impressionen sind ein "direkter Eindruck von der 'äußeren Natur'",
 Improvisationen sind "plötzlich entstandene Ausdrücke der Vorgänge
 inneren Charakters, also Eindrücke von der 'inneren Natur'" und
 Kompositionen schließlich sind inhaltlich den Improvisationen
 vergleichbar aber besonders langsam entstanden und pedantisch
 überarbeitet. (Über das Geistige..., S.142)
In diesen Jahren entstehen auch mehrere Bühnenwerke resp. -texte, von denen aber nur der "Gelbe Klang" relativ weit gedieh. Über die Intentionen dieser Werke hat sich Kandinsky 1911/12 selbst in einem kleinen Aufsatz "Über Bühnenkomposition" geäußert.
Kandinsky wollte keine Musik malen und sah sehr wohl die Eigenständigkeit der verschiedenen Künste: "Jede Kunst hat eine eigene Sprache.. ist ein Reich für sich". Aber sie treffen sich im "letzten innerlichen Grunde", denn wenn die Mittel richtig sind, verursachen

Musik, Malerei und Tanz "beinahe identische Vibration in der Seele des Empfängers" (S.138). Dieses Bild von den Schwingungen der Seele ist sehr alt und erinnert an die Iatrophysik der Renaissance und an Erklärungen des Musikerlebens, wie sie z.B. bei Athanasius Kircher gegeben werden. Aber eigentlich hat Kandinsky in diesem Punkte antike Vorstellungen, wenn es seine Absicht war, "Ursprüngliches auszudrücken, durch den Ballast der Kunsttradition hindurch den elementaren Ursprung der Kunst wiederzufinden" (S.183) und damit an Platons Reich der Urideen erinnert (Grassi 1980, S.123).

Kandinsky war aber nicht nur Maler und Theoretiker, sondern im Keim auch Experimentator, ja "Empiriker" der Kunstpsychologie. So erinnert er sich 1923:

> "Ich selbst habe im Ausland zusammen mit einem jungen Musiker und einem Tanzkünstler experimentiert. Der Musiker suchte aus einer Reihe meiner Aquarelle dasjenige aus, das ihm in musikalischer Hinsicht am klarsten erschien. In Abwesenheit des Tänzers spielte er dieses Aquarell. Dann kam der Tänzer dazu, ihm wurde das Musikwerk vorgespielt, er setzte es in Tanz um und erriet danach das Aquarell, das er getanzt hatte." (S.191)

Hier wird - wohl einmalig - belegt, daß die Tätigkeit des Künstlers (Komponisten) und die des Kunst- (Musik-) Psychologen so verschieden eigentlich nicht ist, denn der Erfolg beider hängt letztlich davon ab, wie weit sie richtige Theorien über die Wirkung von Kunst (Musik) entwickeln. Die Idee der prinzipiell möglichen Transponierbarkeit der Künste, die diesem frühen Experiment zu Grunde lag, griff neuerdings in fast schon ironisch anmutender Form der amerikanische minimal-Künstler Phil Corner mit seinen "Pictures from Pictures of Pictures from Pictures" auf, sich seinerseits auf 10 Radierungen von K.P.Brehmer stützend, die ihrerseits von Mussorgskijs "Bildern ..." angeregt wurden. (v.Maur 1985, S.311).

Es ist nun eine Möglichkeit, den "Klang einer Kunst durch den identischen Klang einer anderen Kunst zu unterstützen, zu stärken und dadurch eine besonders gewaltige Wirkung zu erzielen" (S.139), aber wer sich hierauf beschränken würde, begäbe sich eines möglicherweise noch stärkeren Mittels: "Dem Wachsen der Bewegung in der Musik kann ein Abnehmen der Bewegung im Tanz entsprechen, wodurch beide Bewegungen ...

größeren inneren Wert bekommen", es soll also "Mitwirkung und Gegenwirkung" (S.144) geben. Kandinsky hat sich kritisch gegenüber Wagner und Skrjabin geäußert, die sich auf eine "Wiederholung einer und derselben äußeren Bewegung in zwei Substanzformen " (S.140) beschränken, also das, was später in übersteigerter Form als "mickeymousing" bezeichnet wird.

Kandinsky hat den "Gelben Klang" nie erlebt, erst in den 70er Jahren wurden drei verschiedene Inszenierungsversuche unternommen. Sie blieben vor allem deshalb problematisch, weil die Vorlage (im Gegensatz zu den späteren "Bildern...") relativ viel Freiraum läßt, vielleicht aber auch, weil der "Gelbe Klang" weniger als Bühnenkomposition sondern mehr als Kristallisationspunkt für damals ungewöhnlich gewagte Spekulationen über die Möglichkeiten des Musiktheaters gewürdigt werden sollte.

Die Anregung, die "Bilder einer Ausstellung" von M.Mussorgskij für das Theater zu inszenieren, kam vermutlich von dem Dessauer Intendanten Dr.Hartmann. Kandinsky hat sich in einem halbseitigen Aufsatz (Kunstblatt 1930, S.246) hierzu knapp geäußert: mit zwei Ausnahmen sei das Bühnenbild "abstrakt" gewesen, aber auch "fern gegenständliche" Formen seien verwendet. Als Hauptmittel der Inszenierung nennt er:
"1. die Formen selbst,
2. die Farbe auf den Formen, wozu
3. die Beleuchtungsfarbe als vertiefte Malerei sich gesellte,
4. das selbständige Spiel des farbigen Lichts und
5. der mit der Musik verbundene Aufbau jedes Bildes und nötigenfalls der Abbau desselben."
Diese Inszenierung wurde in zwei Matineen im April 1928 realisiert - und verschwand dann für 55 Jahre! Die Neuinszenierung durch Dozenten und Studenten der Hochschule der Künste Berlin im Jahre 1983 wurde durch die erhaltenen Entwürfe der Bühnenbilder sowie durch eine Klavierausgabe (2) ermöglicht, die äußerst präzise bühnentechnische Angaben des damaligen Regieassistenten Felix Klee enthält. Im Gegensatz zur Berliner Neuinszenierung, in der die Originalfassung (Klavier) von Mussorgskij erklang, spielte man 1928 eine Orchestrierung, für die F.Klee als Urheber "Muralli (?)" angibt. Im Gegensatz zum "Gelben Klang", von dem Kandinsky selbst glaubte, daß er erst nach zwei Menschenaltern verstanden würde, erscheinen die Bilder nicht als

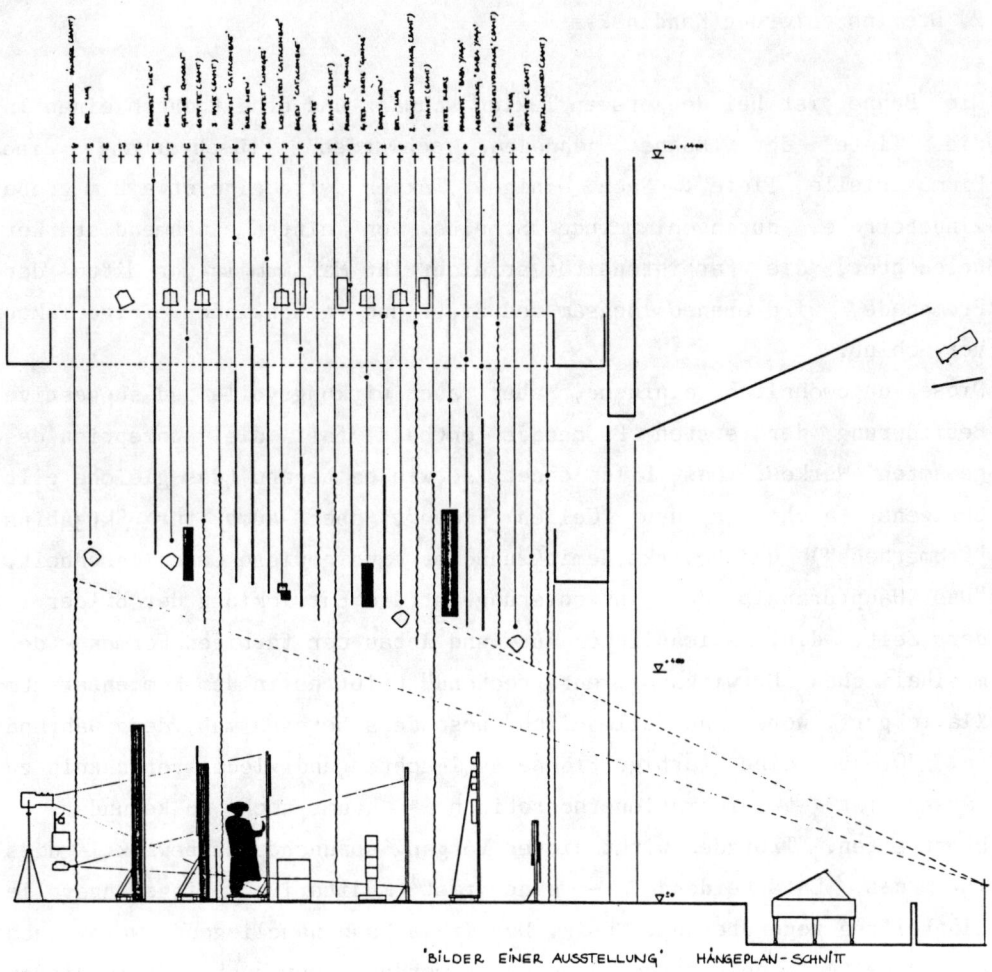

'BILDER EINER AUSSTELLUNG'   HÄNGEPLAN-SCHNITT

Die bühnentechnische Kompliziertheit der Kandinskyschen
Inszenierung läßt dieser Hängeboden-Schnitt andeutungsweise ahnen.

besonders schwierig und es ist eigentlich unbegreiflich, daß sie zwischen 1928 und 1983 so in Vergessenheit geraten konnten.

2. Die Inszenierung Kandinskys

Die Bühne ist bei den ersten Takten schwarz und erhält durch einen in die Tiefe der Bühne gehenden, schwarzen Plüschvorhang eine "immaterielle Tiefe". Nach einigen Takten wird eine etwa 2 m große zinnoberrote, durchschimmernde Scheibe von hinten zunehmend stärker beleuchtet, die Farbintensität erreicht ihr Maximum in der Mitte der Promenade, wird ebenso langsam reduziert und verschwindet einige Takte vor Schluß.
Diese ungewöhnlich einfache, aber auch wirkungsvolle und suggestive Bebilderung der ersten Promenade enthält fast die Konzeption des gesamten Werkes. Das Bild endet so wie es begann (das gleiche gilt übrigens auch für den "Gelben Klang", aber auch für Skrjabins "Prometheus") und bewirkt damit zunächst eine gewisse Geschlossenheit. "Das Hauptprinzip der Inszenierung ist die Entwicklung der Bilder in der Zeit, d.h. allmählicher Auf- und Abbau der farbigen Formen - der musikalischen Entwicklung entsprechend" heißt es in dem Kommentar zum Klavierpart, wobei man "allmählich" besonders betonen muß, denn während ca. 70 sec eine farbige Fläche aufleuchten und wieder verdunkeln zu lassen ist - informationstheoretisch - kaum noch an Redundanz zu übertreffen. Trotzdem wirkt dieser Vorgang spannend und bewirkt - dies ist das Entscheidende - eine fast meditative, hingebungsvolle Einstellung gegenüber der Musik. Der Kreis kann naheliegenderweise auch als Sonne (Aufgang/Untergang) gedeutet werden, aber auch, wer in diesem Kreis theosophisch beeinflußt ein kosmisches Ursymbol sieht, dessen meditative Betrachtung zur Erkenntnis der letzten Dinge verhülfe, liegt sicherlich nicht falsch. Diese zweite Interpretation wird noch dadurch begünstigt, daß normale Farbeindrücke vermieden werden, das Schwarz des Anfangs entsteht aus der unbeleuchteten Bühne und schwarzem Plüsch, das Rot ist von hinten beleuchteter gefärbter Stoff, später folgen Milch- (bzw. Plexiglas-) scheiben, die von vorn oder hinten bestrahlt werden. "Die Farbe soll keineswegs materiell aussehen: sie entsteht aus dem Anstrich, der durch farbiges Licht entmaterialisiert wird". Wenn das Material und die Farben unwirklich werden, so begünstigt dies

natürlich entsprechende "kosmische" Interpretationen.

Damit ergeben sich für die erste Promenade vier Prinzipien, die für große Teile dieser Inszenierung Gültigkeit haben:

1. Prinzip der formalen Geschlossenheit (Identität von Anfang und Ende),

2. Prinzip der allmählichen Entwicklung in der Zeit,

3. Prinzip der "entfernten Gegenständlichkeit" oder des dosierten Interpretationsfreiraumes und

4. Prinzip der unwirklichen Oberfläche.

Betrachtet man die fünf Promenaden dieses Zyklus im Zusammenhang, so erscheinen sie wie Variationen über ein Thema, in denen sich jeweils ein zentrales Element ändert (es gibt jeweils nur ein Element!). Die zweite Promenade zeigt wiederum den roten Kreis, diesmal aber blau beleuchtet, die dritte ein Viereck, das sich von links nach rechts bewegt(!) und in der fünften Promenade wird dieses Viereck in einer anderen Bewegungsform (unregelmäßig) von rechts nach links(!) transportiert. Lediglich die vierte Promenade mit einem sich langsam bewegenden blauen Punkt fällt "aus dem Rahmen", kündigt aber das Material des folgenden "Ballett der Küchlein ..." an. Auch hier – innerhalb der Promenaden – also das Prinzip der allmählichen Entwicklung in der Zeit, aber mit Blick auf das Schlußbild auch das Prinzip der formalen Geschlossenheit.

Musikalisch lebt der "Gnomus" zunächst von zwei kontrastierenden Themen, einer rasch hingeworfenen Achtelbewegung und einer breiten, markanten, abwärtsgerichteten Stolz und Triumph verströmenden Gebärde. Die Bebilderung erfolgt, wie fast überall, musikalisch äußerst synchron. Beim ersten Thema sieht man rechts waagerechte Streifen, bei der unmittelbaren verkürzten Wiederholung links senkrechte Streifen und beim unmittelbar folgenden "zentralen" Thema erst die Bühnenmitte. Diese markante und zugleich karge Einleitung auf der Bühne erhöht die ohnehin gegebene Prägnanz der musikalischen Themen um einiges, läßt aber auch die Deutung zu, daß der wieselige Auftritt des Zwerges sich zunächst von rechts und dann von links heimlichtuerisch drohend vorbereitet. Dann erscheint ein Viereck und ein Dreieck, die unschwer als stolzer Napoleon ausgemacht werden können und es folgen zwei merkwürdige Gegenstände, nach unterschiedlichen Bewegungsprinzipien ins Bild gebracht, vielleicht die Schätze des Zwergen? Wenn dann

- anknüpfend an den Anfang - wieder ein (diesmal grüner) Kreis (im ff!)
erscheint, so ist das Zwergenreich vollkommen, es hat auch eine eigene
Sonne! Wie zur Unterstreichung, reprisenhaft, entwickelt sich das
Bühnenbild noch einmal von den Seiten her und zeigt diesen einmaligen,
in sich schlüssigen Kosmos. Die allmähliche Entwicklung dieses Kosmos
wird beim Betrachter von vielen, nur z.T. beantwortbaren Fragen
begleitet.

Wer die erste Promenade und den "Gnomus" verinnerlicht hat, kennt
mittlerweile die Spielregeln dieser Inszenierung und wird nicht
überrascht sein, daß das vertraute, melancholisch verwunschene Schloß
mit drei senkrechten Streifen beginnt, die dem Betrachter 23 sec zu
intensivem Studium angeboten werden. Es folgen ein rotes Viereck und
ein grünes größeres Viereck - letzteres durch zwei kleine rote
Querbalken gewagt akzentuiert - die für weitere 43 sec ohne jede
weitere Bühnenaktion die Musik begleiten. Erst jetzt wird das Schloß
bevölkert, einem Klumpen von Kreissegmenten (kleines Mädchen?), einem
Viereck (Fenster, Lampe?) und einer Anhäufung von Dreiecken
(Gouvernante, Edeltanne?) und am Ende von einem phantastischen
Gegenstand gefolgt, dem Unerklärliches entsprießt (Spielzeug?). Die
Bühne analysiert die Musik formal exakt, Bildeinsätze sind stets
musikalische Themeneinsätze. Wer sich in diesem Schloß einrichten will,
wird jedoch unversehens herausgerissen, am Ende, nach
aufmerksamkeitsheischendem Quartsprung, bleiben nur die drei weißen
Streifen, das Ganze formal schließend. Eine sehr verhaltene
Zustandsschilderung, die der Phantasie große Interpretationsfreiräume
ausbreitet.

Vergleichsweise harmlos nehmen sich dagegen die "Tuileries" aus, deren
spielfigurenhafte Strukturen konsequent in ein Kaleidoskop umgesetzt
werden. Helligkeit und Drehgeschwindigkeit des Kaleidoskops variieren
jedoch ein wenig, und zwar zur Unterstreichung musikalisch sehr
konträrer Stellen, sowohl das "poco più rinforzando" als auch zwei
Takte später das "dim.e pochiss. rit." werden gleichermaßen mit
Verlangsamung und Verdunkelung abgesetzt, hier also Mitwirkung und
Gegenwirkung!

"Bydlo" (Ochsenkarren) ist eine äußerst spannende Studie darüber, wie
man Vierecke von rechts nach links bewegen kann, gleichmäßig,

schubbernd, wackelnd, unsicher, leicht schaukelnd, bis schließlich (auf dem musikalischen Höhepunkt) ein großer Kreis langsam über die Bühne rollt und alle Mühsahl und Schwerfälligkeit dieser Welt zum Ausdruck bringt. Hinter der großen braunen Fläche, die nach diesem Viereck-Troß zwangsläufig als schlammiger, erdiger Weg gesehen werden muß, erscheinen - gewissermaßen als Nachhut - drei wellenförmige Linien, ziehen ebenfalls nach links und verschwinden ebenso geheimnisvoll wie sie kamen. Ein metaphysischer Kommentar zur irdischen Mühsal(?), ein Schutzengel der Vorbeiziehenden(?), ein spöttisches Nachwort(?), auf jeden Fall drei fragende, fragwürdige Linien. Die Ausdruckskraft der subtil verschiedenen Bewegungsformen der einfachen geometrischen Muster ist nur erfahrbar, weil sonst - fast - nichts zu sehen ist.

Leicht und vergleichsweise harmlos hingegen das "Ballet der Küchlein in ihren Eierschalen" aus drei gelben Tupfern bestehend. Trotzdem fragt man sich, wie etwas zugleich so gegenständlich und so abstrakt sein und zudem noch den formalen Aufbau (klassisches Scherzo) und die musikalische Struktur (weite Lage im Trio) so anschaulich umsetzen kann. Man begreift aber auch, wie "Punkt und Linie zu Fläche" (so der Titel einer der theoretischen Schriften Kandinskys aus dem Jahre 1926) werden kann.

"Samuel Goldenberg und Schmuyle" ist sowohl von der Musik als auch vom Bild her sicherlich einer der Höhepunkte der "Bilder ...". Beide Akteure werden zunächst sehr treffend als - Räder dargestellt: der Reiche als roter Kreis mit zwei Speichen, sich langsam drehend, der Arme mit einem gelben, dreispeichigen, sich schneller drehenden Kreis. Kandinsky hatte, wie viele Künstler seiner Zeit, dezidierte Vorstellungen über die Wirkung bzw. die inhaltlichen Assoziationen der einzelnen Farben, so bei rot "Energie, lebhaft, erinnert an Flamme und Blut" bzw. bei gelb "wie scharfer Trompetenton" (v.Maur 1985, S.342). Diese Assoziationen sind hier vollkommen unpassend und trotzdem spürt man, daß die Farben "richtig sitzen", daß die Macht des Rots und die Armut und Unterwürfigkeit des Gelbs zwangsläufig sind. Ein Beleg dafür, daß Künstler falsche Theorien haben dürfen? Zumindest ein Beleg, daß Ausdruck durch den Kontext bestimmt wird und trotzdem als über den Kontext hinaus bestimmt erlebt wird! Beide Gestalten werden als abstraktes Symbol eingeführt und jeweils als Schattenriß - die höchste Form der Gegenständlichkeit (!) - konkretisiert. Der musikalische

Dialog der beiden, Schmuyles sich zur Anklage steigerndes Thema in der Oberstimme im Widerstreit mit dem in Bedrängnis geratenden selbstgefälligen Stolz Goldenbergs im Baß, spielt sich auf breiter Bühne mit zurückhaltenden Handbewegungen ab, die endgültig abweisende Geste Goldenbergs erfolgt an der einzigen musikalisch möglichen Stelle. Die letze Promenade des Zyklus, sie steht zwischen den beiden Juden und dem "Marktplatz...", bringt das eigenwillige 5/4 - 6/4 - Thema des Anfangs noch einmal weitausladend mit Wucht, bis in die Nähe des Triumphes, und was geschieht auf der Bühne? Ein weißes Rechteck wird von rechts nach links bewegt, wenngleich "ruckweise .. mit Musik übereinstimmend", eine Übereinstimmung, die sich aber bei diesem widerborstigen Rhythmus kaum mitteilt. Ist dies ein Gegenklang, eine unabhängige "Erzählebene" oder doch vielmehr eine Informations- reduzierung, die eine besonders hingebungsvolle Hinwendung auf die Musik hin begünstigt?

Auf dem "Marktplatz in Limoges" findet, nach diesem Rechteck (!), eine Entfesselung von Farben, Lichtern und bewegten, tanzenden Menschen statt. Die beiden Tänzer erinnern durch Kostüm und Bewegung sicherlich an die Arbeiten des Bauhauskollegen O.Schlemmer, doch Kandinsky hatte schon 1912 im 5.Bild des "Gelben Klangs" die Vorstellung, Menschen nur als Gliederpuppen zu zeigen. Zwar sollen die beiden Tänzer das "Klatschen (der Marktweiber), Streiten, wieder Friede und Klatsch usw." darstellen, tatsächlich sind die Gesten und Aktionen, die musikalisch absolut synchron erfolgen, jedoch so weit formalisiert und reduziert, daß sie eigentlich nur das "Dynamische derselben" (Hanslick 1854, S.16), aber nicht den Inhalt selbst nachbilden. Die Vorstellung von einem - vermutlich - harmlosen Marktplatz in Südfrankreich tritt jedoch zwangsläufig immer mehr zurück, wenn der städtische Prospekt verschwindet, die Bühne abgedunkelt wird und die beiden Figurinen schließlich in flackerndem, unwirklichen Blau- und Violettlicht eher Assoziationen an den Blocksberg oder Hexentanz im Zwischenreich begünstigen.
Der Kontrast zur düsteren, bedrohlichen (Un-) Ruhe der "Katakomben" ist markant, obwohl der Zipfel zum Jenseitigen bereits berührt wurde. Auf der sehr dunklen Bühne treten auf: Viereck, Viereck, Viereck und noch ein Viereck. Als schließlich ein bogenähnliches Stück von oben folgt,

ist ein drückendes Katakombengewölbe fertig, das jedoch zugleich, ähnlich den Profilen des Bildhauers Horst Antes, das Gesicht eines Herrn der Unterwelt sein könnte, bei rotem Hintergrund aber auch manchen ganz direkt als Tor zur Hölle führt. Nachdem zwei Allerseelen-Laternen in die Bildmitte gefolgt sind, geschieht während 100 sec außer farblich vorsichtig changierendem Hintergrund nichts, und doch strömt diese Szene eine ungewöhnliche Spannung aus, weil der Betrachter stets das Gefühl hat, es könnte etwas passieren, er könnte vom Gespräch der Toten einen Fetzen aufschnappen. Die Langsamkeit, mit der die Katakombe aus einfachstem Material errichtet wurde, schafft eine weit gespannte Erwartungshaltung, in der der Betrachter letztlich mit allem, mit dem Schlimmsten (?) rechnet.

Aber es wird kein Geheimnis des Hades preisgegeben und die Seitenteile des folgenden Bildes ("Die Hütte der Baba-Yaga") reißen aus der Düsternis, aber wohin? "Punkt und Linie ..." werden entfesselt, suggerieren ähnlich wie P.Mondrians "Broadway Boogie-Woogie" großstädtisch sinnlose Geschäftigkeit, Lochkartenassoziationen, hart und synchron geschnitten, türmen sich zu einem Hexentanz (feroce) sondergleichen. Der Mittelteil (in der Musik und auf der Bühne) scheint musikalisch (ein sehr lyrisches, von einem Tritonus geprägtes Andante mosso) zunächst still zu stehen, bildlich zeigt er nun die Hütte, in der gleichwohl niemand wohnen kann, denn sie ist auf eine Uhr mit Ständer reduziert. In russischen Märchenillustrationen (so auch bei Viktor Hartmann) wird diese Hütte immer mit einer Uhr verziert, so wie wir unsere Hexenhäuschen gewohnheitsmäßig mit Lebkuchen pflastern. Kandinsky beschränkt sich in diesem Mittelteil aber auf das Symbol der verrinnenden Zeit, während 75 sec sieht man - außer allmählich changierender Beleuchtung - nur den unerbittlich sich drehenden Zeiger, erlebt den Verlust von Zeit als Bedrohung, die durch die aufs neue entfesselten Seitenteile verdrängt, ja fast erschlagen wird.
Erst vor diesem grell kontrastierenden Hintergrund, dem Wechsel von Meditation und tosendem Chaos, kann sich die Prächtigkeit des "Großen Tores von Kiew" voll entfalten. Kandinsky präsentiert zunächst die stolzen Bürger von Kiew, geronnen zu mattgläsernen, unbeweglichen Figurinen, in Wirklichkeit wieder nur eine Anhäufung einfachster geometrischer Formen (Prinzip der entfernten Gegenständlichkeit). Und

dann erscheint das Tor, sehr langsam (!), wiederum (wie die Katakombe) nach und nach in Einzelteilen (Prinzip der allmählichen Entwicklung) und türmt sich zu einem schönen Babylon, das mit allen Registern der Bühnenbeleuchtung (Prinzip der unwirklichen Oberfläche) zu gleißender Schönheit überhöht wird, um auf dem Höhepunkt, die genialste Idee dieser Inszenierung, Stück für Stück zu verschwinden. Am Ende bleibt der rote Kreis vom Beginn (Prinzip der formalen Geschlossenheit), Symbol wofür?

3. Nachwort

Wer die Faszination dieser Inszenierung erklären will, muß Widersprüchliches erklären. Die Inszenierung ist auf der einen Seite erstaunlich streng, formal und konventionell, die Bühne folgt der musikalischen Form buchstäblich und exakt, die 1912 geplante "Gegenwirkung" ist nur in Ansätzen und eher beiläufig zu spüren (3). Die Synchronität von Bild und Musik wird stellenweise so weit getrieben, daß sie uns heute - mit mehr als einem halben Jahrhundert filmmusikalischer Erfahrungen - eigentlich unerträglich erscheinen müßte. Zugleich ist das Bühnengeschehen aber vollkommen unabhängig von der musikalischen Schicht, weil das bildliche Vokabular so eigenständig, in sich schlüssig und zwingend entwickelt wird, daß wir eigentlich zwei verschiedenen Geschichten lauschen, wenngleich sie zeitlich synchron ablaufen. Diese Unabhängigkeit wird aber auch durch die zurückgenommene, "entfernte", dosierte Gegenständlichkeit erreicht, die mit Vierecken und Kreisen eigentlich alles zeigt und doch - nach dem Prinzip der dosierten Rätselhaftigkeit - vieles offenläßt und damit den Betrachter ungewöhnlich aktiviert. Die Inszenierung ist sowohl abstrakt wie gegenständlich, sie changiert - wie die frühen Bildgattungen "Impressionen", "Improvisationen" und "Kompositionen" - fortwährend zwischen beidem und verhindert, daß der Betrachter allzu lange auf dem "Stuhl für Gegenständliches" bzw. "... Abstraktes" Platz nimmt. Kandinsky war zeitlebens damit beschäftigt, "das Gegenständliche (zu entfernen) ... und dadurch das Kompositionelle" zu entschleiern (S.141), nur einmal machte er es anders. Durch die Zeitdimension, die dem Bild verwehrt ist, konnte er endlich jenen Rhythmus realisieren, der ihm schon immer vorgeschwebt hatte.

Was geschieht in dieser Inszenierung mit der Musik? Zunächst einmal begünstigt die Bühne an vielen Stellen eine meditative Versenkung in die Musik, die einem Werk, das wie kein anderes durch eine abenteuerliche Bearbeitungsgeschichte zur Trivialität herabzusinken drohte, die Frische des ersten Eindrucks, einer ersten Begegnung zurückgibt. Dies ist, ein halbes Jahrhundert später, wahrnehmungspsychologisch das Prinzip der "minimal art" bzw. "minimal music". Durch die entfernte Gegenständlichkeit verhindert diese Inszenierung auch, daß Mussorgskijs "Bilder ..." zur Kindermusik, zur pädagogischen Musik verkommen. Gegenstände, die wir in unserer Vorstellung (aus einfachstem Material) erst konstruieren, bekommen dadurch eine andere Qualität, sind nicht "dieser Stuhl" sondern eher "Stuhl an sich". So wie S.Lissa die Wirkung der Filmmusik darin sah, daß die filmischen Botschaften durch sie verallgemeinert, generalisiert werden, scheint Kandinskys Bühne den programmatischen Inhalt von Mussorgskijs "Bildern ..." auf eine allgemeinere Ebene zu heben. Zugleich eröffnen sich Interpretationsschichten, die in der Musik zwar angelegt sind, sich aber erst jetzt zu einem roten Faden ordnen können. Mussorgskijs "Bilder ..." sind nicht narrativ, sie stehen wie Charakterstücke unverbunden nebeneinander, eben wie normalerweise die Bilder in einer Ausstellung. Die dosierte Rätselhaftigkeit dieser Inszenierung zeigte mir den Traum des kleinen Mannes (Gnomus), das Leben als mühsames Durchgangsstadium (Bydlo), die Ungerechtigkeit dieser Welt (S.Goldenberg und Schmuyle), das Oszillieren zwischen Diesseits und Jenseits (Marktplatz, Hütte), entwarf ein mögliches Bild des Jenseits (Katakomben) und zeigte am Ende die Vergänglichkeit irdischen Reichtums und irdischer Schönheit, also ein altes Thema, eine Allegorie der Vergänglichkeit, eine Vanitas-Suite?
Auf keinen Fall aber eine "Bemalung" der Musik, die ja etwas verdecken würde, sondern Erweiterung, Überhöhung, Transparentmachung. Kandinsky ist vermutlich einer der ganz wenigen, die den "Hang zum Gesamtkunstwerk" hatten, ihm (einmalig) fröhnten und der Musik dennoch nichts nahmen. Vielleicht mußten deshalb so viele merkwürdige Zufälle zusammentreffen? Am Ende steht die Begeisterung, daß wir auf so einfache Formen und Strukturen (noch) so intensiv ansprechen, daß man mit "Punkt und Linie ... (und) Fläche" so viel sagen kann!

Anmerkungen

1) Wo im folgenden nur Seitenzahlen angegeben werden, beziehen sie sich auf "Arnold Schönberg, Wassily Kandinsky: Briefe, Bilder und Dokumente", hrsg. v. J.Hahl-Koch, München (dtv) 1983.

2) Für die Überlassung einer Kopie dieser Klavierausgabe danke ich M.Rupprecht, dem Initiator und Leiter der Berliner Neuinszenierung, sehr herzlich.

3) Es gibt hier eine augenfällige Parallele zu S.Eisenstein: "Es mag die Klugheit des Artisten gewesen sein, die Eisenstein an der Idee des audivisuellen Kontrapunktes ... (in seinen Tonfilmen) ... nicht länger festhalten ließ" (La Motte-Haber/Emons 1980, S.22).

Literatur

E.Grassi, 1980 - Theorie des Schönen in der Antike. Köln.

E.Hanslick, 1854 - Vom Musikalisch-Schönen. Ein Beitrag zur Revision der Ästhetik der Tonkunst. Leipzig (Nachdruck Darmstadt 1965).

W.Kandinsky, 1952 (10) - Über das Geistige in der Kunst. Bern.

H. de la Motte-Haber & H.Emons, 1980 - Filmmusik - Eine systematische Beschreibung. München.

Z.Lissa, 1965 - Ästhetik der Filmmusik. Berlin.

K.v.Maur (Hrsg.), 1985 - Vom Klang der Bilder. München.

A.Schönberg & W.Kandinsky, 1981 - Briefe, Bilder und Dokumente einer außergewöhnlichen Begegnung. Hrsg.v. J.Hahl-Koch. Salzburg.

Kagels Filme

Werner Klüppelholz

Mauricio Kagel ist unter den Komponisten bisher der einzige, der, von der dramatischen Idee bis zu den Niederungen des Schnitts, sich wahrhaft auf Film versteht. Dies mag bedingt sein durch biographische Umstände: das Aufwachsen in unmittelbarer Nachbarschaft zu einem Lager alter Filme in Buenos Aires, das Zusammenflicken solcher Streifen durch kinomane peer groups, die Mitwirkung bei der Installation einer argentinischen Cinemathèque im Jahre 1950, Kagels Tätigkeiten für Film- und Fotozeitschriften während der Folgezeit. Zugleich überrascht kinemathographische Kennerschaft indes wenig bei einem, der zeitlebens nie musikalisch beschränkt blieb, vielmehr in sämtlichen schönen Künsten bewandert ist, und am wenigsten will solches Faktum verwundern, wo dem Kagelschen Kompositionsstil nahezu seit Anbeginn eine Affinität zum filmischen Wesen eignet. Bis heute wurde der Filmemacher Kagel freilich weder nach Hollywood berufen noch innenministeriell gefördert, seine kameravermittelten Einfälle mußten bei den wenigen Fernsehstationen Gestalt annehmen, deren Redakteuren es vereinzelt noch nicht gänzlich an erforderlichem Mut und Klugheit gebrach. So entstanden bislang folgende Filme mit Kagels Musik und Regie:

Antithese	(1965, NDR, 19')
Match	(1966, WDR, 27')
Solo	(1967, NDR, 26")
Duo	(1967/68, NDR, 41')
Hallelujah	(1968/69, WDR, 47')
Ludwig van	(1969, WDR, 100')
Zwei-Mann-Orchester	(1973, SWF, 71')
Unter Strom	(1975, Televisione della Svizzera Italiana, 20')
Kantrimiusik	(1976, SWF, 50')
Phonophonie	(1979, Schweizer Fernsehen DRS, 38')
Blue's Blue	(1981, DRS, 31')

MM 51 (2 Fassungen)   (1983, DRS, je 10')

Er   (1984, WDR, 40')

Dressur   (1986, DRS, 26')

Mitternachtsstück (!)   (DRS, in Vorber.) (1)

Thematisch zu ergänzen wären die "Szenario" betitelte Komposition, die den Stummfilm "Un chien andalou" von Luis Buñuel und Salvador Dali nachträglich vertont (DRS, 1982), und das Hörspiel "Soundtrack – Ein Film-Hörspiel" (1975, WDR) (2).

Kagels Filme, die – mit Ausnahme von "Ludwig van" – sämtlich auf zuvor entstandenen Kompositionen beruhen, lassen sich dreifach klassifizieren. Erstens sind es Verfilmungen von Instrumentalem Theater: der Instrumenten-Maschine des "Zwei-Mann-Orchester", der Aktionen von "Unter Strom", des Schlagzeugtrios "Dressur", im weiteren Sinne auch des scheinbar unscheinbaren Pianisten im Solostück für Klavier "MM51" (1.Fassung). Gewahrt bleibt darin die Einheit von Zeit, Ort und Handlung; nichts erblickt der Betrachter, das er, wenigstens potentiell, nicht auch im Konzertsaal wahrnehmen könnte, mögen Beleuchtung, Veränderung von Größenverhältnissen, Kameraführung oder eine Aufhebung der Synchronität von Bild und Ton die reale Situation gelegentlich aufheben. In eine zweite Gruppe zählen Inszenierungen von kammermusikalischen Kompositionen: "Match", "Kantrimiusik", "Phonophonie", "Blue's Blue", "Er" und die zweite Fassung von "MM51", die eine hinzugefügte Montage von F.W.Murnaus Stummfilm "Nosferatu" ins Bild bringt. Zwar bleibt die aristotelische Einheit hier ebenfalls gewahrt, doch zusätzlich zu den Dimensionen der Konzert-Verfilmungen erscheinen hier die Musiker kostümiert und in eine inszenierte Umgebung versetzt, die aus dem je spezifischen Gehalt der Musik resultiert: von Wolken umwabert ("Match"), von Tieren umlagert ("Kantrimiusik") oder in einem schäbigen Hotelzimmer hingestreckt ("Blue's Blue"). Filme im geläufigen Sinne enthält die wiewohl vertrackteste Gruppe der Montagen, mit diskontinuierlichen Verläufen, an unterschiedlichen Orten handelnd, Innen- und Außenaufnahmen mischend, die offene Form der dort zugrundeliegenden Kompositionen überdies zeitlich dissoziierend: "Antithese", "Solo", "Duo", "Hallelujah" und "Ludwig van".

Im Unterschied zu manchen seiner Bühnenwerke erzählen die Filme Kagels keine Fabeln; sie entraten gemeiner dramatischer Zeitfolge. Wo nicht länger chronologisch gekerbte Lebenserfahrung des Vorher und Nachher, der Erwartung und Bestätigung eine sinnvolle Verknüpfung der Bilder untereinander garantiert, bedarf der Fortgang einer anderen Logik. Sie heißt, wie übrigens auch in der Sprachkomposition Kagels, Assoziation. "Hallelujah" zum Beispiel birgt davon die Fülle. Ein demokratisch-luxuriöses, Stuttgarter Aufbau-Architektur dokumentierendes Wasserspiel im Park, den der Organist auf dem Weg zum Bahnhof durcheilt, ruft im nächsten Bild Wasser herbei, das in ein Taufbecken gegossen wird. Ein Cluster der Orgel in hoher Lage geht über in das Bild eines pfeifenden Wasserkessels. Die Betätigung der Toilettenspülung scheint - durch Schnitt - das Orgelspiel in Gang zu setzen, wie später der Vogelsang, der den besagten Park ziert, in Sopran-Gequieke moduliert. Das öffentliche Pissoir des "Duo", das akustisch alle Merkmale von Überschwemmung trägt, wird beiläufig vervollständigt von den Niagara-Fällen im Zwischenschnitt. Die an den dortigen Türen befestigten Münzeinwurfbehälter assoziieren eine weißgeschürzte Verkäuferin hinter einer antiquierten Ladenkasse. Der Hund, Teil des erwähnten Arrangements, wird in der nächsten Einstellung zum Blindenhund des Clochards. Die Dinge, befreit von ihrer erzählerischen Funktion, finden in höchster Vieldeutigkeit sich also wieder. Und Kagels assoziative Verbindungen geben den stummen Bildern die Beweiskraft, die Worte sonst erbringen; die Ansichten von Oberflächen, die für sich wenig nur bedeuten, kommentieren sich nunmehr untereinander.

Ist die Montage im Film das Medium des Unerwarteten par excellence, so bietet die Führung der Kamera nicht minder Chancen der Überraschung. Selten führt hier die Kamera ein Eigenleben: übernimmt ruckhaft einen ostinaten Rhythmus der Musik des "Zwei-Mann-Orchester", wackelt, bevor Enten ins Bild watscheln ("Kantrimiusik") oder erhebt sich, wo "Er" vom Urlaub träumt, um den Darsteller aus der Vogelperspektive auf dem heimischen Sofa wie am Strand liegend zu zeigen. Meist jedoch, mögen die plots noch so verworren sein, bewahrt die Kameraführung epische Ruhe. Der Langsamkeit ihrer Bewegungen fallen beinahe von selber die schönsten Enthüllungen zu. In "Hallelujah" etwa schwenkt die Kamera über leere Kirchenbänke, senkt sich dann geringfügig, um die über den Boden robbenden Sänger eines phantasmagorischen Chores zu erfassen. In "Zwei-Mann-Orchester" fährt sie über eine Tuba auf den Oberkörper des hüpfenden Wilhelm Bruck, und gibt darauf eine nähere Qualifizierung solcher Bewegung: mit dem Hintern auf Hupen. In der zweiten Version von "MM51" schwenkt die Kamera vom Fuß des Klavierhockers an langsam über die schmutzschutzbewehrten Schuhe, die altmodischen Hosenbeine, die großkarierte Weste, Schnauzbart und Zwicker bis zur lichtschützenden Mütze des Stummfilm-Pianisten, zeigt das Klavier von der Murnau-Montage, das mit einem Mal auf einem Segelschiff zu stehen, in den Wellen zu schwimmen oder im Bett zu ruhen scheint. Die perspektivische Beschränkung der Kamera wird zum gleichsam natürlichen Vehikel von Kagels Witz.

Kagels Montage, die verfremdende Zerlegung der prosaischen Oberfläche, bietet in all ihrer assoziativen Vieldeutigkeit Musik für die Augen. Die Nonchalance, die die eigentliche, Kagels eigene Musik in seinen Filmen erfährt, mag zunächst allerdings verblüffen. Jedenfalls des Aufhebens eingedenk, das man seit Eisensteins Zeiten von einem wohlkomponierten Kontrapunkt zwischen Bild und Ton gemacht hat. Er begegnet beiläufig auch hier, wo beispielsweise zu hörbar fingerfertigen Figuren die sichtbare Tastatur eines Harmoniums mit dem Fuß gespielt wird ("Zwei-Mann-Orchester") oder wo der Musikalienhändler an der Baßsaite einer Gitarre zupft, und zugleich das temperamentvolle Anfahren quietschender Autoreifen zu vernehmen ist. Doch verschmäht Kagel daneben weder die zuweilen verpönte Möglichkeit audio-visueller Verdopplungen noch eine vollkommen unabhängige Parallelität zwischen Bild und Klang. Innerhalb der Grenzen, die gesetzt sind von Stil und Gehalt der musikalischen Vorlage eines Films, verfährt Kagel im Verhältnis von Auge und Ohr so frei wie virtuos. Er dünkt als - nüchterner - Nachfahre jenes beständig betrunkenen Klavierspielers, der durch Musik den stummen Bildern ihr Geheimnis zu entlocken wußte, gerade weil er sie unbeachtet ließ - wie Kracauer rühmt. Exemplarisch kann dafür die Musik zum "Chien analou" einstehen. "Szenario", ein Concerto grosso für Streichorchester und Hundestimmen, wird von Kagel so an den Film angelegt, daß sich zwar hier und da eine fingierte Synchronität ergibt, etwa, wenn der Mann begehrlich auf die Frau losgeht, während die Hunde vom Tonband bedrohlich knurren. Meist freilich bleibt die Musik "begleitend", ohne ersichtlichen Kontakt zum filmischen Verlauf. In Gegensatz zur beschwichtigenden Mischung aus Wagners Tristan und argentinischem Tango, die Buñuel ursprünglich verwandt hat, intensivieren die chromatischen Pulsationen des "Szenario" die Atmosphäre des Terrors, die die stummen Bilder umfängt; die spannungsvoll vorwärtsweisende Energie dieser Musik läßt Epik umschlagen in Dramatik. Die Rätsel der dialoglosen Bilder, hier wie in den eigenen Filmen Kagels, entspringen ihrer Mehrdeutigkeit und Unvorhersehbarkeit. Gerade Musik, die eine unabhängige Existenz führt, ist fähig, das erklärende, definierende, mithin beruhigende Wort dort zu ersetzen; der Schrecken wird in der Schwebe unaufgelöster Erwartung gehalten. Es scheint, daß damit der Musik in diesen Filmen eine eher dienende Rolle zukommt. Aus dem Reichtum des Films aber, seinen Änderungen der Größenverhältnisse, seinen abrupten Wechseln von Zeit, Ort und Stil, seiner semantischen Heterogenität erwächst ihr ein Lohn, der anders nicht zu gewinnen und einzig hier zu finden wäre, die Teilhabe der Musik am Surrealismus.

Anmerkungen
(1) Vgl. die detaillierten Filmographien und vielfältigen Materialien in: Mauricio Kagel - Das filmische Werk I 1965-1985. Hrsg. v. W.Klüppelholz und L.Prox. Amsterdam/Köln 1985.
(2) Vgl. dazu W.Klüppelholz: Mauricio Kagel 1970 - 1980. Köln 1981.

Das mißverstandene Modell

Zur Rolle der Musik im abstrakten Film der Zwanziger Jahre

Hans Emons

I Vorspann

Die latente Beziehung zwischen Musik und Film, die schon bestand, bevor
Abel Gance das Wort vom Film als der "Musik des Lichts" fand, wird
manifest .im abstrakten Film, dessen Geschichte von Musikmetaphern
durchzogen ist wie nur das Werk Klees oder Kandinskys. Richters Parole
"Film ist Rhythmus", Gances "Sinfonische Bilder", die Vielzahl der
"Sinfonien", "diagonal" bei Eggeling, "visuell" bei Ruttmann, aus
rhythmisierten Bildern gewirkt bei Dulac, Chomettes Wort von der
"Sinfonischen Optik" und von einem Filmrhythmus jenseits der
Tatsachenlogik: schon diese Auswahl mag belegen, wie sehr die
Entpflichtung des Films von seiner abbildenden Funktion mit der
Anlehnung an die musikalische Vorstellungs- und Begriffswelt
koinzidiert.
Was die durchaus unterschiedlichen ästhetischen Positionen der
genannten Autoren verbindet, ist der gemeinsame Einspruch gegen die
Reduktion des Films auf eine bloße Übersetzerfunktion von außerhalb
seiner selbst existierenden Inhalten. Daß solche Emanzipation von der
Fabel sich am Modell der Musik orientierte, hat seinen Grund in einer
weiterer Gemeinsamkeit zwischen Film und Musik: dem Moment der
Bewegung, des Ablaufs und der Veränderung in der Zeit.
Es ist nun die Frage – der in diesem Referat nachgegangen werden
soll –, wie tragfähig das Modell Musik für den experimentellen Film der
20er Jahre war. Konkreter gefragt: ob es taugte zur Kreation einer
neuen Sprachform zwischen den Künsten, oder ob die Mißverständnisse,
denen sich das Modell Musik ausgesetzt sah, den abstrakten Film in
einen künstlerischen Engpaß hineinmanövrierten.
Zunächst einmal unterscheidet sich der deutsche abstrakte Film vom
"absoluten" Film der Franzosen durch seinen radikalen Verzicht auf die
technische Prämisse des neuen Mediums: die Fotografie. (Mit Fotografie

meine ich hier nicht die selbstverständliche Benutzung von Linse und Film, sondern deren Verwendung zum Zweck einer Reproduktion der äußeren Wirklichkeit.) Weiterhin läßt sein Versuch einer Umwandlung der Filmapparatur von einem reproduktiven zu einem Produktionsinstrument nicht nur eine wie auch immer geartete Filmtheorie vermissen, (die sich ja wohl auf die Spezifika des Mediums einzulassen hätte), sondern nimmt auch die bereits vorliegenden Ansätze einer genuinen Filmästhetik nicht zur Kenntnis.

Mit diesen Ansätzen meine ich die Ausführungen zur Kinokunst von Vachel Lindsay, der recht früh auf die Differenz der anscheinend parallelen Künste Theater und Film aufmerksam machte ("Thirty Differences between Photoplay and Stage") oder auf Hugo Münsterbergs Filmpsychologie von 1916. In Deutschland wäre derzeit an die ebenfalls auf dem Unterschied zwischen Bühne und Leinwand insistierenden Rezensionen von Kurt Pinthus zu denken, oder an Georg Lukács' schon 1913 formulierte "Gedanken zu einer Ästhetik des Kinos", die neben dem Ansatz einer materialen Filmästhetik und ersten Reflexionen über den Schnitt vor allem ein Plädoyer für die Welt des Fantastischen darstellen.

Nichts davon bei Richter, Ruttmann, Eggeling. Anders als ihr französischer Malerkollege Fernand Leger, der technisch und theoretisch mit dem neuen Medium vertraut war, bevor er es im "Ballet mécanique" ausprobierte, betreten sie das Haus des Licht-Spiels gewissermaßen durch den Seiteneingang.

II Richter, Ruttmann, Eggeling, oder: über Sinfonie und Generalbaß, Rhythmus und Kontrapunkt.

Bis ans Ende der 20er Jahre - bei Richter noch darüber hinaus - bestimmt die musikalische Terminologie die Produktionen von Richter, Ruttmann und Eggeling. FUGE 23, PRÄLUDIUM, ORCHESTRATION EINES THEMAS, RHYTHMUS 23, ORCHESTRATION DER FARBE, RHYTHMUS 21 - 25, RENNSINFONIE, HORIZONTAL-VERTIKAL-MESSE, DIAGONALSINFONIE, OPUS 1 - 5, BERLIN: SINFONIE EINER GROSSSTADT: so die Titel der Filme und Projekte bis zum Jahre 1929, in denen sich Musikalität programmatisch ankündigt. Dem sekundieren Statements und Schlagworte, von denen ich einige zitieren möchte:

1. Richter 1957: "Für uns beide (d.h. für Eggeling und mich) wurde die Musik zum Modell. Im musikalischen Kontrapunkt fanden wir das Prinzip, das zu unserer Philosophie paßte: jede Aktion ruft eine entsprechende Reaktion hervor. So fanden wir in der Kontrapunktfuge das geeignete System, eine dynamische und polare Anordnung gegensätzlicher Energien, und in diesem Modell sahen wir ein Bild des Lebens an sich ..." (1)

2. Richter nach einem Text von Eggeling 1921 über Rollenbilder von Eggeling: "Der Vorgang selbst ist eine dramatische Evolution in der Sprache des Reinkünstlerischen vermittelst abstrakter Formen, analog den uns für das Ohr geläufigen Geschehnissen der Musik. Die abstrakten Formen vermeiden gleich denen der Musik Analogien oder Erinnerungen an Naturobjekte. Finden Spannung und Auflösung in sich. Aus Grundformen entstehen im Ablauf einer Periode Formabwanderungen von dynamischer Rhythmik." (2)

3. Ruttmann um 1919, nach Betrachtungen über Tempo und Dynamik der Gegenwart heißt es dann: "Es will nicht mehr gelingen, die auf einen Moment zurückgeführte, durch einen 'fruchtbaren Moment' symbolisierte Lebendigkeit eines Bildes als tatsächliches Leben zu empfinden. Die Rettung (liegt in einer) ganz neuen Kunst, einer Malerei mit Zeit, einer Kunst für das Auge, die sich von der Malerei dadurch unterscheidet, daß sie sich zeitlich abspielt (wie Musik), und daß der Schwerpunkt des Künstlerischen nicht wie im Bild in der Reduktion eines realen oder formalen Vorgangs auf einen Moment liegt, sondern gerade in der zeitlichen Entwicklung des Formalen ... es wird sich deshalb ein ganz neuer, bisher nur latent vorhandener Typus von Künstlern herausstellen, der etwa in der Mitte von Malerei und Musik steht." (3)

Anders als für Walter Ruttmann, der sich 1918 von der Malerei abwandte, sich selbständig in die technischen Grundlagen des Mediums Film einarbeitete und erst um 1925, nach bereits mehr als fünf eigenen Arbeiten, feststellte, daß auch andere mit der Idee des abstrakten Films beschäftigt waren - anders also als für Ruttmann ist für Richter der Film nur eine, wenn auch bedeutsame, Episode innerhalb seines langen Lebens gewesen. Im Nachhinein ist schwer zu entscheiden, welchen Ideenanteil er selbst und welchen der früh verstorbene Viking Eggeling, mit dem Richter seit 1918 eng zusammenarbeitete, in den abstrakten Film investiert hat. Gemeinsam aber ist allen eine quasi musikalische

Ordnung des Bildmaterials. So basiert die Disposition von Ruttmanns opera II-IV auf der im "normalen" Film unsinnigen, in der Musik aber durchaus "normalen" Annahme eines reversiblen Zeitverlaufs: die Organisation der Bilder folgt symmetrisch-dreiteiligen oder rondohaften Formen. Allerdings bleibt die Frage offen, inwieweit die heute im Umlauf befindlichen Kopien der frühen Ruttmann-Filme mit den Originalen identisch sind. Andererseits folgen auch einige Filme Richters dem Modell der dreiteilig-symmetrischen Form. Als Beispiel dafür soll hier die FILMSTUDIE aus dem Jahr 1926 einstehen: ein nicht mehr im strengen Sinne "abstrakter", dazu ästhetisch widersprüchlicher Film, der aber auch, wie Richters frühere Filme, den polaren Kompositionsprinzipien von Analogie und Kontrast gehorcht.

Ich habe von "quasi-musikalischen" Ordnungen gesprochen, weil sich trefflich darüber streiten läßt, ob Rondo und ABA-Form spezifisch musikalische Strukturen darstellen oder aber ästhetische Prinzipien, die für jede in der Zeit sich artikulierende Kunst, also auch für die Dichtung bereitstehen. Anders dürfte es sich mit der Sinfonie verhalten, programmatischer Titel-Bestandteil des einzigen Films, den wir von Viking Eggeling besitzen.

Der Traum, dem Eggeling während seines kurzen Lebens nachjagte, war der von einem "Generalbaß der Malerei": ein seltsam windschiefer Begriff, dessen Autorität und Allgegenwart (Kandinsky, Richter, Hölzel, die Russischen Konstruktivisten) darauf zurückzuführen sein mag, daß ihn Kandinsky in seiner Schrift "Über das Geistige in der Kunst" in Umlauf brachte, nachdem er vom späten Goethe in die Welt gesetzt worden war. Bereits 1904 hatte der Maler Adolf Hölzel erklärt: "Ich meine, es müsse, wie es in der Musik einen Kontrapunkt und eine Harmonielehre gibt, auch in der Malerei eine bestimmte Lehre über künstlerische Kontraste jeder Art und deren harmonischen Ausgleich angestrebt werden... Damit wird jene Souveränität der Natur gegenüber zu erlangen sein, welche die Kunst zum Außergewöhnlichen erhebt." (4) Nicht wesentlich anders postulierte Kandinsky 6 Jahre später, daß das Abstraktum, das sogenannte Geistige der Kunst, durch eine Art Malgrammatik, für die alternativ der Begriff "Generalbaß" steht, gleichsam objektiviert werden müsse.

Der metaphorische Gebrauch der Vokabel Generalbaß führt nun bei Eggeling zur Vorstellung von einem universellen Alphabet von Zeichen und Formen, die nach den Regeln einer Universalgrammatik zu allgemein-verständlichen Aussagen verknüpft werden könnten: Abstraktion als die Grundlage einer supranationalen Zeichen-Sprache, mit der zugleich die Wiederherstellung der sozialen Funktion von Kunst, ihrer spontanen Verständlichkeit, geleistet wäre: "Die abstrakten Formen bieten die Möglichkeit, alle nationalen Sprachgrenzen zu überwinden. Eine Grundlage dafür bildet die bei allen Menschen identische Wahrnehmungsfähigkeit. Sie läßt auf eine universale Kunst hoffen, die es vorher nie gegeben hat." (5) So steht es, sinngemäß, im Züricher Manifest des "Bundes radikaler Künstler", einer sich dezidiert politisch verstehenden und unter dem Eindruck der russischen und der November-Revolution von 1918 gegründeten Künstlervereinigung, zu deren Gründungsmitgliedern neben Giacometti, Arp, Baumann und Janco auch Richter und Eggeling gehörten.

Eggelings DIAGONALSINFONIE ist dabei die Modellbildung als Probe auf die Sache: ein unter unsäglichen Mühen zustandegekommener Film, dessen Formenalphabet aus einer guten Handvoll von Grundmustern besteht. Ins Alltägliche übersetzt: Orgelpfeifen, Panflöte und Hockeyschläger bilden einen ersten Satz von Figuren, die alle auf das Strukturmuster von Parallele und rechtem Winkel zurückführbar sind. Dann Schnecke und Halbkreis als zweiter Formtyp. Diese Gestalten werden in einem stetigen, aber nicht linearen Prozeß des Erweiterns, Variierens, vorübergehenden Reduzierens und Kontaminierens in eine komplexe Gesamtform integriert, die neben der Summe des Bisherigen auch neue Elemente enthält, und die am Schluß des Films gleichsam zurückgenommen, weggewischt wird. Im Rhythmus der "Einstellungen" dominiert der fast gleichmäßige Wechsel von linksschräg/rechtsschräg, die Einheitlichkeit der "Tonart" wäre durch die konsequente Vermeidung von Horizontale und Vertikale gewährleistet.

Trotzdem: Vergleiche mit der Musik hinken auch hier. Nicht haltbar vor allem ist die noch in jüngster Zeit in der Literatur vertretene Behauptung, die DIAGONALSINFONIE orientiere sich am 1.Satz einer traditionellen Sinfonie; 1. und 2. Thema, Exposition, Durchführung und Reprise könnten im filmischen Ablauf klar unterschieden werden. Wer den Themenbegriff und den der Exposition noch akzeptiert, scheitert spätestens an der Durchführung. Von einer Reprise gar ist nichts zu entdecken. Vielmehr initiiert – oder kopiert – die DIAGONALSINFONIE einen Prozeß der Anreicherung von elementaren Figuren mit neuen Elementen zu einer differenzierten Endform, wie wir ihm auch auf den Rollenbildern Hans Richters begegnen; dort erhält der prinzipiell stets gleiche Verlauf verräterischerweise stets andere Titel: Präludium 1919, Rhythmus 23, Fuge 23.

Eggelings Traum, in den "dynamisch-kontrastreichen Beziehungen von gerade und rund, horizontal und vertikal, organisch und anorganisch sowie ähnlichen Gegensatzpaaren ... ein neues Beobachtungs- und Denksystem zu definieren" (6), orientierte sich in Wahrheit weniger an der Musik.als an der Philosophie Henri Bergsons.

Die Polarität der Bergsonschen Kategorien (Raum – Zeit; Verstand – Intuition; Materie – Leben; organisch – anorganisch) bestimmt ebensosehr Eggelings Zeichen-Sprache, wie umgekehrt der Strom des Werdens, sich Verwandelns und Vergehens dieser Zeichen sich als mimesis des Lebens, als ewige Neugestaltung und schöpferische Evolution versteht. Wenn Bergson selbst diese 'évolution créatice' mit einem musikalischen Thema vergleicht, dann mag für Eggeling die Idee einer visuellen Sinfonik umso deutlicher vorgezeichnet sein, freilich um den Preis einer Unterschlagung der Differenz von Kunst und Leben. "Sichtbare Musik", wie die Zeitgenossen Eggelings Film nannten, wäre wahrhaft abstrakte, d.h. um ihren Klang betrogene Musik. Sie geriete zur grafischen Notation eines nie erklingenden Stückes, im schlechtesten Fall zu jener "sauber gezeichneten Kreuzung zwischen Taschenkamm und Panflöte", wie Rudolf Arnheim 1925 anläßlich der Uraufführung der DIAGONALSINFONIE spöttisch notierte. Mir scheint, daß der Versuch, Musikalität allein der Zeitlichkeit des Geschehens zuzuschreiben, übersieht, daß Musik nicht nur zeitig, sondern auch gleichzeitig ist; daß in ihr jedes Detail nicht nur der Sukzession, sondern auch der Simultaneität etwa der harmonischen Beziehungen verantwortlich ist. Solche Zeitlichkeit des Gleichzeitigen aber hat kein Äquivalent in der Konzeption einer "Malerei mit Zeit". Ihr Versuch, "verschiedene Verwandlungsphasen wie bei einer Sinfonie oder Fuge" (7) aufzubauen, führt zur Verwechslung des Notierten mit dem Klingenden, des Bedeutungsträgers mit der Bedeutung, der Schrift mit dem Sinn: wir lesen, aber verstehen nicht. Sind Sinn und Bedeutung aber kassiert, dann schrumpft der Kunstanspruch zusammen auf das Maß des Kunstgewerbes: Lichtornamente im Stil des art deco. Der paradoxe Fall tritt ein, daß die Idee einer ästhetisch und sozial schlechthin verbindlichen Bildsprache umschlägt in die unverbindliche Formenwelt der angewandten Kunst.

Die Kunstgeschichte kennt genügend Beispiele produktiver Mißverständnisse, aber auch die kontraproduktiven haben ihre Geschichte. Die Verwechslung der grafischen Abstraktion mit dem konkreten Klangkonstrukt - eine Verwechslung, die die vielleicht entscheidendste Dimension der Musik schlicht unterschlägt - ist kein Vorrecht des Abstrakten Films. Sie bildet auch - um nur zwei weitere Beispiele zu nennen - die Voraussetzung für jenen Edelstahlprospekt, den der Bildhauer Heinrich Neugeboren 1928 aus vier Takten der es-moll-Fuge des Wohltemperierten Klaviers herausmodellierte. Und sie prägt noch in den späten dreißiger Jahren jene Idee der "Vertikalmontage", mit der Sergej Eisenstein die angeblich kontrapunktischen Bild-Ton-Beziehungen seines ALEXANDER NEWSKI hoffte systematisieren zu können.

Eine ähnlich unscharf-metaphorische Verwendung musikalischer Begriffe wie bei Eggeling finden wir bei Hans Richter, für den die Termini "Kontrapunkt", vor allem aber "Rhythmus" zum "Lebenselixier" werden. 1918, während der Arbeit an den "Dada-Köpfen", traf Richter mit Ferruccio Busoni zusammen. "Busoni ... riet mir, die Prinzipien des Kontrapunkts zu studieren, da mein Versuch mit den positiven und negativen Formen ... dem Prinzip des Kontrapunkts entspreche. Er schlug mir vor, jene kleinen Präludien und Fugen, die Bach für seine Frau geschrieben hatte, durchzuspielen... So stieß ich 'zufällig' auf das Analogieverhältnis zwischen Musik und Malerei." (8) Für Richter ergab sich daraus die Möglichkeit, den Gegenstand der Zeichnung weitgehend "außer acht zu lassen und freie abstrakte Teile auf einer gegebenen Fläche (sich) artikulieren zu lassen. Es wurde eine Art musikalische sowie visuelle Artikulation", die auf der Polarität von positiv/negativ, schwarz/weiß, oben/unten, rund/gerade usw. basierte (9).

Es wundert kaum, daß ein derart strapazierter Kontrapunktbegriff sich auch auf Bergsons Lebensphilosophie ausdehnen läßt. Richter: "Im Kontrapunkt entdeckten wir ein Gestaltungsprinzip, das unserer Philosophie entsprach: jede Aktion ließ eine entsprechende Reaktion folgen. Der kontrapunktische Aufbau einer Fuge, bei dem gegensätzliche Energien dynamisch aufeinander bezogen werden, erschien uns als passendes Modell und als Abbild des Lebens selbst." (10)

Ähnlich medusenhaft verhält sich der Begriff des Rhythmus bei Richter. Prinzipiell gestattet es ja gerade der abstrakte Film, daß sein neutrales Material rhythmisch-metrischen Symmetrieverhältnissen unterworfen wird. Richters Filme RHYTHMUS 21 - 25 könnten den Beleg liefern für seine These "Film ist optischer Rhythmus". Die Vielzahl von Formvarianten - wenn auch reduzierbar auf Rechteck und rechte Winkel - und von Zeitmaßen, die in RHYTHMUS 21 eher willkürlich und additiv denn integrativ zueinander in Beziehung treten, macht es zumindest mir schwer, Richters Anspruch zu verifizieren, er habe auf Formen überhaupt verzichtet und lediglich versucht, Zeit in verschiedenen Rhythmen zu artikulieren.

Wenn musikalischer Rhythmus nicht vorstellbar ist ohne eine wie komplex auch immer gedachte Beziehung zu einer Maßgröße, einem Metrum, dann fällt Richters Bildrhythmus entweder auf die amorphe und unvorhersehbare Lebendigkeit des élan vital zurück, oder aber er löst sich auf in einem umfassenden Begriff von Proportion, den auch van Doesburg und Mondrian "Rhythmus" nannten.

Dazu noch einmal Richter: "Der Rhythmus eines Werks ist gleichbedeutend mit der Idee des Ganzen. Rhythmus ist das, was die Ideen übermitteln, das, was durch das Ganze läuft: der Sinn (=Prinzip), von dem jedes individuelle Werk erst seine Bedeutung erhält. Rhythmus ist nicht eine definitive, regelmäßige Folge von Zeit und Raum, sondern die Einheit, die alle Teile erst zu einem Ganzen bindet." (11)

Mit dieser sibyllinischen Definition aus dem Jahre 1971 taucht die Vokabel "Rhythmus" endgültig ein in jene begriffliche Nacht, in der alle Katzen grau sind.

III Vom Rollenbild zur Filmrolle oder: Musik und Abstraktion

Wie vorhin angedeutet, waren die Pioniere des abstrakten Films in Sachen Filmtechnik und Filmästhetik bestenfalls Laien. Dies mag auch ein Bericht des Bauhauskünstlers Werner Graeff dokumentieren, der Richter in seinem Atelier besuchte und sich über die ausschließlichen Hochformate der Zeichnungen und Studien wunderte: die Leinwand habe doch schließlich Querformat. Richter bedankte sich überschwenglich, das sei ihm noch gar nicht aufgefallen: von Stund an entwarf er seine "Filmmomente" im Querformat 3:4 und hielt Graeff für ein technisches Genie.
Zum zweiten scheint, wie wir gesehen haben, sich auch die musikalische Kenntnis der Autoren in durchschnittlichen Grenzen gehalten zu haben – allen Beteuerungen der Sekundärliteratur zum Trotz, die gerne auf die angeblich außerordentliche Musikalität Richters und Eggelings verweist. Es zeigt sich, daß die Idee des abstrakten Films (und seine so überaus problematische "Musikalisierung" des Sichtbaren) primär weder mit Film noch mit Musik so recht etwas zu schaffen hat. Von Malern ersonnen, partizipiert sie an der Modellfunktion, die Musik für die moderne bildende Kunst schlechthin, vor allem aber für die Malerei hatte. Abstraktion und Zeit sind die beiden Momente, die im Namen der Musik Einzug in die Bildsprache der Moderne finden, wobei Entgegenständlichung und Verzeitlichung nur zwei Aspekte des gleichen Prozesses sind.

Theoretische Rechtfertigung und programmatische Unterstützung fanden die überall etwa gleichzeitig einsetzenden Abstraktionsprozesse durch Worringers 1906 abgeschlossene und 1908 publizierte Dissertation "Abstraktion und Einfühlung", die das Ornament zum Gipfel der Kunst erklärte; vor allem aber durch Kandinskys 1910 erschienene Schrift "Über das Geistige in der Kunst". "Ein Künstler", so heißt es dort, "welcher in der ... Nachahmung der Naturerscheinungen kein Ziel für sich sieht und ein Schöpfer ist, welcher seine i n n e r e Welt zum Ausdruck bringen will und muß, sieht mit Neid, wie solche Ziele in der heute unmateriellsten Kunst – der Musik – natürlich und leicht zu erreichen sind. Es ist verständlich, daß er sich ihr zuwendet und versucht, dieselben Mittel in seiner Kunst zu finden. Daher kommt das heutige Suchen in der Malerei nach Rhythmus, nach mathematischer, abstrakter Komposition ..." (12)

Das nicht erst seitdem im Umlauf befindliche Wort von der Abstraktheit der Musik beruht auf einem Mißverständnis: auf der Annahme, eine Kunst wie die Musik, konkret sinnenhaft wie kaum eine andere, sei schon deshalb abstrakt, weil sie nicht mit der Reproduktion oder Interpretation von etwas außerhalb ihrer selbst Liegendem befaßt ist.

Der Grund dieses Mißverständnisses – das auch dadurch nicht geringer wurde, daß es sich auf das Werk Bachs berief – mag darin liegen, daß man versucht war zu vergleichen, was nicht vergleichbar ist: das je spezifische Material einer Kunst.

Die Rede von der abstrakten Musik Bachs bei Kupka, Kandinsky, van Doesburg und Klee, oder von dem Konstruktivisten Bach bei Hölzel, Schlemmer und Itten folgt einem Bach-Bild, an dessen Grundierung zwischen 1900 und 1910 nicht nur die Deutschen Bachfeste und die von Arnold Schering herausgegebenen Bach-Jahrbücher, sondern auch Riemanns Katechismus der Fugenkomposition und Schweitzers Bach-Monographie mitgewirkt haben. In Frankreich wiederum bestimmen Rollands Arbeit zur Matthäuspassion, Wanda Landowskas Studien zur Bach-Interpretation und André Pirros "Esthétique de Jean Sebastian Bach" ein Stück Rezeptionsgeschichte, deren Richtung sich wohl am deutlichsten in Jean Marnolds Schrift "Bach et l'art pour l'art" (1903) artikulierte: Bachs Musik als ein von expressiven und mimetischen Impulsen weitgehend gereinigtes Klangkonstrukt; "c'est la musique pour la musique, c'est la musique pure." (13)

Durchaus logisch erscheint es im Nachhinein, daß ein auf Maß, Proportion und Goldenen Schnitt fixierter Maler wie Johannes Itten sich von der ihm letzten Endes doch zu konkreten Musik Bachs abwandte und zu der einzig abstrakten seiner Epoche fand: zu der Musik von Josef Matthias Hauer.

Nicht minder folgenreich als die von der bildenden Kunst auf die Musik im allgemeinen und auf Bach im besonderen projizierte Idee der Abstraktion war die Entdeckung der Zeit in der Malerei. Kaum zu überschätzen ist dabei der Einfluß von Ricciotto Canudo, dessen "Essai sur la musique comme religion de l'avenir" (Versuch über die Musik als Religion der Zukunft) der Tonkunst bis zum Auftreten des Films die oberste Stelle in der Hierarchie der Künste einräumte. Abstraktion, Bewegung und Gemeinschaft sind die Schlüsselbegriffe seiner spiritualistischen Ästhetik. Während das Moment der Bewegung in die kubistische Malerei gewissermaßen heimlich einwanderte, trat es in den Werken der sogenannten Orphisten unverhüllt in Erscheinung. Paul Klee notierte 1917 in sein Tagebuch: "Den Akzent in der Kunst nach dem Beispiel der Fuge im Bild auf das Zeitliche zu verlegen, versuchte Delaunay durch die Wahl eines unübersehbar langen Formates". (14) Gemeint ist Delaunays Bild "Die Fenster zur Stadt" von 1912, Format 53x207cm. Ähnliche rollenbildhafte Querformate sind Franz Marcs "Spielende Formen" von 1914 (56x170cm), aus späterer Zeit (Mitte der 20er Jahre) die "Fuge" und die Bildserien von Josef Albers und die erwähnte plastische Umsetzung einiger Fugentakte von Heinrich Neugeboren.

Es mag sein, daß sich die Bauhausbewegung hier von Darstellungsweisen in der zeitgenössischen Musikliteratur hat anregen lassen, etwa von Knorrs "Die Fugen des Wohltemperierten Klaviers in bildlicher Darstellung" (1912). Unabhängig davon findet sich die Konzeption des zeitsimulierenden Langformats auch bei anderen Autoren. 1914 fertigt der zur Vortizisten-Gruppe gehörende Duncan Grant seine "Abstrakte kinetische Collage 'Malerei mit Klang'": ein mehrere Meter langes Rollenbild, das durch eine quadratische Öffnung betrachtet werden sollte, während das Bild über zwei Spulen langsam von links nach rechts bewegt wurde. Alle diese ersten Versuche einer "Malerei mit Zeit" sind die Paten der abstrakten Bildrollen von Richter, Ruttman und Eggeling. Für sie endet diese Entwicklung folgerichtig im Abstrakten Film.

So einleuchtend dieser Prozeß scheint, so problematisch ist seine Fundierung auf Musik. Zur falschen Annahme, die Abstraktion der bildnerischen Momente nähere diese der Musik an, tritt die ebenso trügerische Hoffnung, deren Animation in der Zeit überwinde die letzte Hürde auf dem Weg zu einer sogenannten Visuellen Musik. Mutet schon die mechanische Addition einer "Malerei plus Zeit" seltsam kunstfremd an, so leidet vollends eine abstrakte Bildsprache nach ihrem Transport in die Sukzession an kaum auflösbaren Widersprüchen. Zunächst ist Zeit nicht ausschließlich durch ihre Funktion als Ordnungsprinzip der Musik definiert. Zweitens entläßt in der Zeitkunst Musik das verklingende Detail nicht schon von sich aus und unmittelbar Bedeutung, sondern erst im Zusammenhang des Ganzen, also im Nachhinein, in der gleichsam verräumlichten Imagination. Und drittens ist gerade die malerische Abstraktion, da sie keine Inhalte außerhalb ihrer selbst mehr vermittelt, auf die sinnstiftende Interaktion ihrer Bildelemente innerhalb des Bildganzen angewiesen. Wird ihr dieses Ganze – ihr Koordinatensystem von Rahmen und Fläche – in jedem Moment wieder entzogen, so schrumpft die Bedeutsamkeit der Bildelemente selbst; ihr Werden und Vergehen gleicht Naturprozessen, die nicht mehr bedeuten, sondern sind. Schon 1930 hat Béla Balász in diesem Zusammenhang die Frage aufgeworfen, ob Formen, die verschwinden, die wir nicht mehr vor Augen haben, mit den Formen, die wir sehen, korrespondieren und eine Konstruktion bilden können. (15)

Es ist das Schicksal des abstrakten Films, daß das, was ihm die eine Hand im vermeintlichen Namen von Musik gab – die Abstraktion nämlich–, ihm von der anderen Hand, ebenfalls im Namen der Zeitkunst Musik, wieder genommen wird. Seine Pseudomorphose an Natur ist der Preis für die versuchte Fusion der Künste.

Vermutlich sind ästhetische Grenzen, wie sie noch Lessings "Laokoon" festschrieb, nicht im Handstreich zu verrücken. Die Konvergenz der Künste findet vielleicht eher in der strikten Wahrung ihrer Eigenarten statt, wie es Kandinsky in seinem Aufsatz "Über Bühnenkomposition" ahnte. (16)

"Sobald die eine Kunst die andere nachahmt", heißt es bei Adorno, "entfernt sie sich von ihr, indem sie den Zwang des eigenen Materials verleugnet, und verkommt zum Synkretismus in der vagen Vorstellung eines undialektischen Kontinuums von Künsten überhaupt." (17)

Das soll freilich für uns kein Grund sein, den abstrakten Film der zwanziger Jahre zur Makulatur der Kunstgeschichte zu erklären. Zwar können wir kaum noch die Euphorie des amerikanischen Photographen Edward Steichen teilen, der sich angesichts des Richter-Films RHYTHMUS 21 an die Einfachheit und Größe des Parthenon erinnert fühlte. Aber auch die scheinbar sichere historische Distanz ist kein Schutz vor Blindheit. Um noch einmal Béla Balász zu zitieren: "Die abstrakten Filme haben, selbst wo sie eine Unmöglichkeit beweisen, eine Aufgabe erfüllt: sie haben eine Grenze abgesteckt... Die Vorsichtigen, die immer erst nachher kommen und nichts riskieren, bringen uns nicht weiter." (18)

Anmerkungen

1) Hans Richter, Dada and the Film, in: Willy Verkauf (Hg.), DADA – Monographie einer Bewegung, Teufen/Schweiz 1957, S.64.

2) Hans Richter nach einem Text von Eggeling in DE STIJL 1921, zit. nach VOM KLANG DER BILDER, Ausstellungskatalog der Staatsgalerie Stuttgart, München 1985, S.224.

3) Walter Ruttmann um 1919, zit. nach FILM ALS FILM, Köln 1977, S.63 f.

4) "Über die künstlerischen Ausdrucksmittel und derer Verhältnis zu Natur und Bild" in "Kunst für Alle", Jg. XX, 1904, S.132.

5) Hans Richter, Ausstellungskatalog der Akademie der Künste Berlin 1982 (Akademie-Katalog 133), S.56.

6) Richter in "Step by Step", in "Form" Nr.9, 1969, S.23 f.

7) Zit. aus VOM KLANG DER BILDER, a.a.O., S.418.

8) Hans Richter, DADA – Kunst und Antikunst, Köln 1964.

9/10) Hans Richter, in: G.Kepes (Hg.), The Nature of Art and Motion, London 1965, S.140 ff.

11) Zit. aus VOM KLANG DER BILDER, a.a.O., S.222.

12) W.Kandinsky, Über das Geistige in der Kunst, Bern 1965, S.54.

13) VOM KLANG DER BILDER, a.a.O., S.329.

14) F.Klee (Hg.), Tagebücher von Paul Klee 1898-1918, Köln 1957, S.380.

15) Béla Balázs, Der Geist des Films, Nachdruck Frankfurt/M. 1972, S.131.

16) Der blaue Reiter, Dokumentarische Neuausgabe Köln 1965.

17) Th.W.Adorno, Über einige Relationen zwischen Musik und Malerei, in: Hommage à Schönberg, Katalog der Nationalgalerie, Berlin 1974.

18) Béla Balász, a.a.O., S.133.

Zur Funktion von Musik in der filmischen Parallelmontage

Hans-Christian Schmidt

Aus einer fotografierten Flasche läßt sich der Durst nur schwer stillen, und das Unterfangen, Filmausschnitte, die man während eines Symposions vorgeführt hat, verbal zu veranschaulichen, ist von vornherein fast zum Scheitern verurteilt. Wenn der Versuch trotzdem gemacht wird, so nur in der Hoffnung, das eine oder andere Filmbeispiel könnte dem einen oder anderen erinnerlich sein oder aber demnächst im Kino- oder Fernsehprogramm wieder auftauchen.

Warum über Musik in parallel montierten Filmsequenzen reden? Weil man a) von der Annahme ausgehen darf, daß parallele Szenenmontagen Momente einer besonderen Regie-Konzentration und -gestaltungsüberlegung sind, weil man b) ebenfalls vermuten kann, daß an diesen Einsatzstellen die Funktion des Geräuschs bzw. der Musik sorgsamer als üblich überlegt ist. Hinzu kommt c) der Sachverhalt, daß im Gestaltungsmittel der Parallelmontage das Vertrauen des Regisseurs in die intellektuell-analytische Mit=arbeit des Zuschauers gesetzt wird: wo das erläuternde Wort, der sinnerschließende Dialog ausgefällt werden, dort müssen die manchmal weit auseinanderdriftenden Handlungsstränge gewissermaßen interpretierend aufeinander bezogen und in ihrer gegenseitigen Verweiskraft ergründet werden: die Parallelität von gleichlaufenden oder quer stehenden Handlungsebenen erfordert in besonders anspruchsvoller Weise die Verknüpfungstätigkeit durch den Zuschauer. Und wo diese Spekulation aufs analytische Engagement des Zuschauers gleichsam szenenkonstitutiv ist, dort bleibt zu vermuten, daß .auch die anderen emotionalen und rationalen sinntragenden Gestaltungselemente - Geräusch, Musik - sozusagen an die vordere Rampe der Wahrnehmungsbühne gestellt werden. Parallelmontagen, verkürzt geredet, sind in hohem Maße erklärungsbedürftig, ohne daß ihnen eine Erklärung beigefügt wird; sie sind szenische Momente mit größtmöglicher Eigendynamik und Selbständigkeit, woraus zu schließen ist, daß ihre Darstellungsanteile einen hohen Grad an über sich hinausweisender Aussagefähigkeit besitzen.

Was ist eine Parallelmontage? Ein paar flüchtige Hinweise zur Erinnerung. Filmisches Geschehen verläuft unerbittlich in der Zeit. Chronos ist, im Gegensatz zum geschriebenen Wort oder zum gemeißelten Stein, das Schicksal der filmischen Erzählung und zugleich ihr ontologischer Vorzug: im Verlauf von ca. 90 Minuten entrollt sich unaufhaltsam die "Geschichte", die erzählte Zeit bleibt eingebunden in die Erzählzeit und sprengt sie dennoch auseinander, denn 90 Minuten können 90 Jahre einfangen oder 19 Minuten zur Unerträglichkeit ausdehnen. Selten aber wird die Film-"Geschichte" einsträngig erzählt, selten entwickelt sich der Film episch-einschichtig.

Die Besonderheit der filmischen Zeitgestaltung liegt vor allem in der Fähigkeit, Zeit gewissermaßen elastisch zu handhaben: sie zu straffen, zu dehnen, sie sogar an den Rand des Stillstands zu treiben. Dann und wann vermittelt der Film dem Zuschauer ein Zeiterlebnis, das ihm die empirische Realität vorenthält: zugleich anwesend zu sein an verschiedenen Orten, zu verschiedenen Zeiten mit verschiedener Tätigkeitsdynamik. Eben dieses gedoppelte, manchmal sogar verdreifachte Zeiterlebnis vermittelt die Parallelmontage. Ihr grundsätzlicher Erzählzug ist in einfachen Nebensatzkonstruktionen wiederzugeben; die Parallelmontage sagt:
a) "Während A etwas tut, macht B etwas anderes"
oder
b) "Weil A etwas tut, muß B entsprechend handeln"

In der Beziehung a) drückt sich also die Gleich- oder Ungleichzeitigkeit aus, wohingegen in der Beziehung b) die Kausalität zum Vorschein kommt. Oder anders: Beziehung a) führt zwei oder mehrere Handlungsstränge auf das gleiche zeitliche Grundmuster zurück, Beziehung b) setzt verschiedene Handlungsebenen in eine voneinander abhängige, sich gegenseitig interpretierende Bedingung. Wir vereinfachen diese beiden Parallelmontagen-Muster durch die Begriffe "Während-Beziehung" und "Weil-Beziehung", wobei noch nicht entschieden sein soll, welche von beiden die ästhetisch attraktivere und dramaturgisch anspruchsvollere ist. Hier sei zunächst als entscheidendes Indiz festgehalten, daß in der Während- und in der Weil-Beziehung der Zuschauer gewissermaßen betrogen wird, denn in beiden Montage-Typen wird ihm zeitliche Nachzeitigkeit als zeitliche Gleichzeitigkeit vorgegaukelt, sie wird ihm dann und wann sogar als reversibel eingeredet, denn daran führt keine noch so subtil gestrickte Montage vorbei: die Gleichzeitigkeit von Zeitdarstellungen bleibt der Fatalität des Vergehens von chronologischer Zeit nicht enthoben; was für Augenblicke wenigstens dem Verfließen von Zeit entrissen werden kann, ist das Bewußtsein, das ja auch bei verschiedenen musikalischen Tempi in sehr verschiedener Weise "zeitbewußt" reagieren kann: an Ligetis Cembalo-Stück "Continuum" läßt sich drastisch demonstrieren, wie ein Stück mit extrem schnellen Tempi gewissermaßen in den Stillstand geraten kann und nicht vom Fleck kommt. Wenn wir also im folgenden mit den Begriffen "Gleichzeitigkeit" und "Nachzeitigkeit" hantieren, so mögen wir der Tatsache eingedenk bleiben, daß mit "Gleichzeitigkeit" stets nur die des gleichzeitig empfindenden Bewußtseins gemeint sein kann, das den chronologischen Zeitfluß kaum noch oder nicht mehr registriert. Man ist leicht versucht, darüber nachzugrübeln, woher diese Bereitschaft zum Betrogenwerden kommt; sie entspringt möglicherweise der unstillbaren Sehnsucht, das Leben sozusagen zu halbieren und damit zu verdoppeln: an zwei Orten zugleich sein zu können, ist ja ein alter Märchen-Topos, den René Clair in seinem Film "Die Schönen der Nacht" hintersinnig aktualisiert, wenn Gérard Philippe im 20., 19., 18. und 17.Jahrhundert gleichzeitig sein amouröses Unwesen treibt.

Es liegt in der Natur der Sache Parallelmontage, daß ihre unterschiedlichen Erzählstränge variabel gehandhabt werden können. Diese Variabilität kann sich, formalisierend vereinfacht, so ausdrücken:

- parallelisiert werden zwei gleichzeitige und zwei gleichwertige Stränge = Gleichzeitigkeit des Gleichzeitigen und Gleichwertigen (unter Gleichwertigkeit wollen wir sowohl die inhaltliche als auch die quantitative Wertigkeit verstehen; im Nebenstrang findet also eine gleich wichtige und gleich lange Episode statt);
- parallelisiert werden zwei gleichzeitige Stränge, wovon der eine Strang inhaltlich und quantitativ verkürzt ist = Gleichzeitigkeit des Gleichzeitigen und Ungleichwertigen;

- parallelisiert werden zwei ungleichzeitige, aber gleichwertige Stränge = Gleichzeitigkeit des Ungleichzeitigen und Gleichwertigen (Ungleichzeitigkeit liegt vor, wenn der Nebenstrang auf einer anderen Zeitebene angesiedelt ist als der Hauptstrang);
- parallelisiert werden zwei ungleichzeitige und zugleich ungleichwertige Stränge = Gleichzeitigkeit des Ungleichzeitigen und Ungleichwertigen.

Aber Vorsicht: jede schöne und glatt aufgehende Systematik hat die Eigenschaft, mit der Wirklichkeit wenig zu tun zu haben; ihrer abstrakten Glätte fehlt die Logik der kreativen Flexibilität. Wir müssen uns diese Beziehung als elastische Verschiebung in einem Koordinatenrahmen denken, dessen Nutzen allein in seiner analytischen Hilfsfunktion liegt; von der Ausgewogenheit der beiden Stränge kann es abhängen, welche Wechselwirkung sich ergibt; weiterhin hängt von ihr ab, ob eine Während- oder Weil-Beziehung sich ergibt; weiterhin ist abhängig, ob die Zeitebenen als gebrochen oder als glatt empfunden werden; schließlich wird deutlich, welche Rolle die Musik (um allmählich zum Thema zu kommen) im parallelen Bezugssystem zugewiesen bekommt und dort zu spielen hat: ist sie als dramaturgisches oder als gefühlssteuerndes Element gedacht, mit anderen Worten: hat sie eine ordnende oder wirkende Funktion?

Nachzutragen bleibt ein fundamentales Prinzip der Parallelmontage: sie hat finalen Charakter und drängt zur Auflösung. Das ist ihr eigentlicher Sinn; der Zuschauer, intensiv analytisch-interpretierend mit den beiden Strängen befaßt, muß die Lösung dieser beiden (oft widersprüchlich-kontrapunktisch gesetzten) Stränge erfahren, er muß das Erlebnis des "Ach so war das gemeint!" vermittelt bekommen. Eine nicht aufgelöste Parallelmontage wäre nicht anders wie ein nicht zuende erzählter Witz, an dessen widersprüchlicher Absurdität sie wesensmäßig teilhat.
Vielleicht sollte man ein Letztes noch erwähnen: die Parallelmontage arbeitet einerseits mit dem Widerspruch in den Dimensionen Zeit und Handlung, fordert also durch dieses widersprüchliche Kompositionsprinzip die mit- und nachdenkende Teilhabe des Zuschauers

heraus (dessen grundsätzlich rezeptives Verhalten sozusagen ins Stolpern gerät und sich für Momente in ein perzeptives umwandelt), andererseits aber arbeitet die Parallelmontage, vor allem jene mit raschen Schnittrhythmen (in extremer Übertreibung beim Video-Clip), mit dem Mittel der Überraschung, der kurzen Andeutung, der aphoristischen Verkürzung. Sie gestattet dem Zuschauer selten, die volle Bildbedeutung auszuschöpfen, die sich erst nach und nach – durch die ständige Wiederholung zweier Ebenen im raschen Wechsel – bruchstückhaft zusammensetzt. Ist das Grundanliegen der Parallelmontage also auf der einen Seite die analytische Herausforderung, so ist es auf der anderen Seite auch die atemlose Spannung, der Sinnenkitzel, die flüchtige Reizimpression.

Zur Musik. Ich sagte, sie werde in der parallel montierten Szene besonders gezielt eingesetzt; ich sagte, wir hätten danach zu fragen, ob sie eine dramaturgische Rolle zugewiesen bekomme oder eine gefühlssteuernde (was beileibe kein Gegensatz sein muß, notabene). Wir haben weiterhin zu fragen, welchen "Spielraum" die Musik in der Parallelmontage haben darf: ist sie dem Inhalt und Fluß der Bilder unter- bzw. beigeordnet, oder kann sie eine von optischen Formfügungen (Inhalten, Tempo, Schnitt) losgelöste Eigenständigkeit und damit eigene Aussagewertigkeit beanspruchen? Und schließlich: gibt es erkennbare Unterschiede im Kontinuum der Filmgeschichte, d.h. hat die Verwendung von Musik im Laufe der Jahrzehnte eine historische Qualität, die z.B. im Jahr 1925 anders aussah und klang als z.B. im Jahr 1984?

Der Parallelmontagen-Bilderbogen, der beim Hannoveraner Filmmusiksymposion vorgestellt wurde, begann mit W.D.Griffiths THE LONDALE OPERATOR, einem kurzen stummen Streifen aus dem Jahre 1911. Ein typisches Beispiel für eine parallele Während-Beziehung, wobei (s.o.) die Handlungsstränge zwar gleichzeitig, inhaltlich aber ungleichwertig angelegt sind: während zwei finstere Burschen ein junges Mädchen in einer einsamen Bahnstation bedrängen, findet dieses noch Zeit, per Morseapparat einen Hilferuf abzusetzen, worauf sich zwei Männer mit einer Lokomotive in Bewegung setzen und zum Tatort des kriminellen Geschehens eilen; das Mädchen wird im letzten Moment befreit, die Übeltäter dingfest gemacht. Beide Stränge – das Aufbrechen der

Bahnstationstür und das Herbeieilen der Retter mit ihrer Lokomotive – werden in klassischer Manier alternierend geschnitten, wobei der Lokomotivenstrang wesentlich kürzer ausfällt: in ihm passiert ja auch nichts wesentlich Neues. Warum Parallelmontage? Ganz einfach: durch die ständige Unterbrechung mit dem Lokomotiven-Faden bleibt der Einbruchsfaden stets abgeschnitten und somit die Frage in Spannung: werden die Retter es rechtzeitig schaffen? (Sie schaffen es natürlich, was denn sonst).

Falls wir nach griffigen Kategorien suchen sollten: vor liegt ein Modell der Parallelmontage zum Ziele der Spannungsverschärfung durch Handlungsverzögerung. Und die Musik? Sie folgt dem gängigen Verfahren der Stummfilmpraxis, indem sie die Geräuschlosigkeit dieser Filmära beim Wort nimmt und dem Klavier ein "morsendes" Motiv übereignet, das im Verlauf des Geschehens einen tonlich/klanglichen Teppich ausbreitet; Gestaltungsmittel sind: sequenzierende Reihungen, Tremoli, anwachsende Lautstärke und die Andeutung eines Themas im Moment der Befreiung des Mädchens. Musik eigentlich nicht im strengen Sinne, sondern eher eine dynamische Tapete, geräuschhaftes Surrogat mit geringer musikalischer Differenzierung im Vertrauen darauf, daß der in der Musik nicht vorhandene Sinn durch das Bild ergänzt wird, was in der Tat passiert. In der Funktion hingegen ist diese Nochnicht-Musik voll entwickelt, denn sie arbeitet nach dem Prinzip der akustisch-musikalischen Klammer, indem sie ihren einheitlichen Gestus gegen die Verschiedenartigkeit der visuellen Begebenheiten setzt und gleichsam den hörbaren Grund beisteuert für die sichtbaren Figuren. Einheitsstiftung von disparaten Handlungsebenen durch gleichförmigen musikalischen Gestus - das sei ein erstes schmales Ergebnis, wobei darauf hingewiesen werden sollte, daß das "Morse-Motiv" auf dem Klavier auch dann hörbar bleibt, wenn die Männer auf der sausenden Lokomotive gezeigt werden, so, als hätten sie den Hilferuf ständig im Ohr. Damit wird der temporale Bezug zwischen den beiden Zeit- und Handlungsebenen noch strikter, gar nicht zu reden von einer vermutlichen physiologischen Affektation des Zuschauers durch hämmernde Rhythmen im raschen Tempo. Zuschauer aus dem Jahr 1911 werden da wohl feuchte Hände bekommen haben.

Das Prinzip der egalisierenden Klammer geht im Laufe der Filmgeschichte nicht verloren, es ist gewissermaßen eine von wenigen fundamentalen

Faustformeln. Dmitri Tiomkin, Komponist von Hitchcocks Kriminalfilm BEI ANRUF: MORD, verfährt Jahrzehnte später nach dem gleichen Prinzip. Wir erinnern uns: da fädelt ein teuflischer Mustergatte einen tückischen Plan ein: während er mit Freunden im Club beim Abendessen sitzt (und sich das beste aller Alibis verschafft), soll im Moment, wo er seine schlafende Frau per Telefon aus dem Schlaf weckt, ein gedungener Mörder hinter dem Vorhang hertreten und die Frau erwürgen. Die Sache geht freilich schief, denn die Frau bekommt während des Gerangels eine Schere zu fassen und macht ihrerseits dem Schurken den Garaus. Hitchcock arbeitet mit drei Handlungsebenen: der Mörder betritt die Wohnung, der Gatte befindet sich im Club unter Freunden, der Gatte telefoniert, man sieht, wie die Relais die gewählte Nummer ansteuern. Tiomkin läßt sich von der mehrfach gezeigten Armbanduhr inspirieren und entwirft eine symphonisch tickende "Uhrenmusik", deren pendelnde Metrik die vom Mörder als auch vom Ehemann ungeduldig erlebte Zeit ins Akustische wendet. Daß es sich um eine bedrohliche Situation handelt, deutet Tiomkin durch reichlich dissonierende Zusätze an, wobei er nach dem alten Erfahrungsgrundsatz verfährt, daß mörderische Pläne und schräge Klänge aus gleich kranken Gehirnen stammen müssen. Tiomkins Soundtrack arbeitet also nach gehabtem Muster: ein sichtbarer Schlüsselreiz wird ins Akustische übersetzt, das Pendeln der Zeit macht sich als pendelndes Metrum merklich, die symphonisch angelegte Entwicklung steuert in einem langsam entwickelten Crescendo auf die Auflösung der Parallelmontage zu: auf das Läuten des Telefons, dem Signal für die Katastrophe.

Die Musik verfährt also einerseits streng formalistisch, indem sie sagt: der Mordanstifter hier, der Mörder dort warten mit gleicher Ungeduld den verabredeten Zeitpunkt ab; sie sagt andererseits auch, in beiden Erzählsträngen waltet die gleiche physiologische Spannung. Als klingende Klammer homogenisiert die Musik demnach jene beiden Inhaltsfäden, sie unterstreicht ihre Gleichzeitigkeit und ihre Gleichwertigkeit mit zwei dicken roten Strichen und springt als Grundspannung auf den Zuschauer über – in der Tat sind dramaturgische Schachzüge und ihre physiologisch-psychologischen Wirkungen häufig nicht zu trennen: was auf der formalen Gestaltungsebene als sinnvoll erkannt wird, das mag ein Zuschauer auf der emotionalen, auf der Wirkungsebene wohl auch zulassen. Für heutige Ohren allerdings ist der

BEI ANRUF: MORD. Tony Wendice (Ray
Milland) ruft zu später Stunde seine
Frau (Grace Kelly) an. Für den versteck-
Mörder ist dieser Anruf das Signal zur
verabredeten Tat.

Foto: ARD-Filmredaktion, Frankfurt

12 UHR MITTAGS (1952): Grace Kelly und
Gary Cooper am Ende eines Kampfes gegen
brutale Gewalt, den Regisseur Fred Zinneman
in ständiger Parallelmontage entrollt: hier
die Angreifer, dort der einsame Hüter von
Gesetz und Recht.   Foto: ZDF

hochgetriebene symphonische Aufwand, den Tiomkin dort entfacht, zu bombastisch; jene Armbanduhr, die Hitchcock in gewohnter Diskretion flüchtig ins Bild bringt, wächst sich bei Tiomkin zur Riesenhaftigkeit aus, die Musik schwillt, wo sie ein kleiner Zeigestock zu sein hätte, zum dicken didaktischen Knüppel an, und der Grad ihrer symphonisch-motivischen Durchbildung gerät in Widerspruch zum subtil gehäkelten Montage-Netz auf der Bilderebene, deren optisches Raffinement durch die symphonische Opulenz erdrückt wird. Das ist überlebte Film- und Filmmusikgeschichte, deren Wurzeln in der orchestralen Stummfilmzeit stecken, genauer noch: in der Operntradition des 19.Jahrhunderts, von der Tiomkin ebenso befruchtet war wie seine Kollegen Max Steiner und Erich Wolfgang Korngold.

Romantische Operntradition. Ihr bleibt Dmitri Tiomkin vor allem verpflichtet in seiner Vertonung von HIGH NOON (12 UHR MITTAGS). Fred Zinnemans Film wimmelt von Parallelmontagen; eine davon sei herausgegriffen: Sheriff Kane ist von allen verlassen, er wartet allein auf die vier Rächer, die sich am Bahnhof, nachdem der um 12 Uhr erwartete Zug eingelaufen ist, versammeln. Kanes junge Frau hat sich von ihm getrennt, als überzeugte Quakerin will sie nicht ins Tötungsgeschäft verwickelt werden. Da fällt - die Rächer sind inzwischen schon im Dorf verschwunden - der erste Schuß, sie steigt aus dem Zug und hetzt zurück. Zwei wesentliche Handlungsebenen werden verknüpft in einer Während-Beziehung (die freilich auch kausal angelegt ist: weil dort geschossen wurde, eilt die junge Frau zu ihrem Mann zurück). Die Musik verfährt nach dem Muster leitmotivischer Zuordnung: aus dem Titelsong "Do not forsake me o my darling" spaltet Tiomkin den Vordersatz ab und ordnet ihn als Kennmotiv Kane zu (Notenbeispiel 1), den Nachsatz verwendet er für die Kennung der Gangster (Notenbeispiel 2).

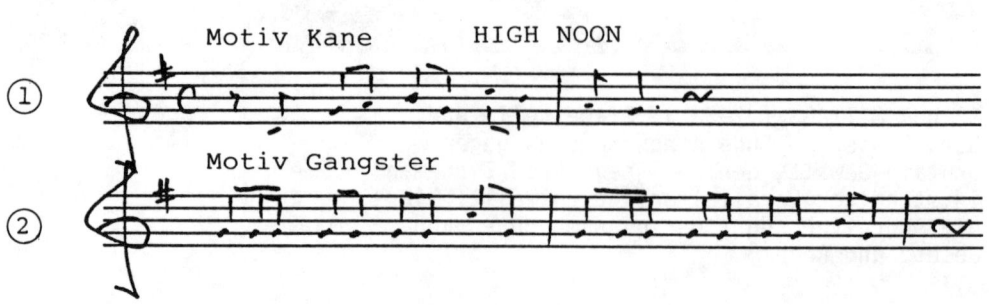

Das erlaubt Tiomkin, das starre Verfahren einer musikalischen Tapezierung zu dispensieren und der Musik - wie Wagner es formuliert hatte - die Qualität eines denkenden Gefühls zu geben, mithin also elastisch zu verwenden. Ein Beispiel: auf der Straße liegt ein Toter, die junge Frau kommt herbeigeeilt; noch "sagt" die Musik mit einem aufgeregt sequenzierten Kane-Motiv: "es könnte Kane sein"; doch wenige Momente später stellt die Musik mit dem zweiten Motiv klar: "Es handelt sich um einen der Gangster". Salopp gesagt: die leitmotivisch elastisch gehandhabte Symphonik löst jene Ungewißheiten auf, die durch das Mittel der parallelen Montage in der Schwebe gehalten werden, das Orchester weiß immer ein bißchen mehr und ein bißchen früher, was sich im raschen Wechsel von unterschiedlichen Handlungssträngen vollzieht; sie ist also eine Art running comment in Wagner'scher Manier. Damit ist diese Technik zugleich fortschrittlich und veraltet. Fortschrittlich darin, daß die simple Klammerfunktion außer Kraft gesetzt ist; veraltet aber in ihrer opernhaften Redseligkeit, die der Tatsache, daß es sich beim Film nicht um ein theatralisches, sondern um ein reales Geschehen handelt, noch nicht Rechnung trägt. Es scheint, als traue die Musik dem Zuschauer noch nicht zu, das parallele Beziehungsgeflecht ent=wickeln zu können, sie flüstert, gewissermaßen ungeduldig und geschwätzig, die Lösung ins Ohr - was heißt flüstern? Sie tut es mit Pauken und Trompeten.

Charlie Chaplins GOLDRAUSCH aus dem Jahre 1925 verfuhr diesbezüglich noch weit konsequenter und mit ehrlichem Bekennermut zum Charakter seiner Filme, die nicht zuletzt durch die (von Chaplin selbst entworfene) Musik zum Guckkastenspektakel verkleinert wurden. Erinnern wir uns der Szene mit der auf der Bergkante wackelnden Hütte, in der Chaplin und sein Hüttengenosse durch scheinbar zufällige Choreographie die Hütte einmal zum Wanken, dann wieder ins Lot bringen. Nach bewährter Stummfilmmanier bringt jeder neue Handlungsabschnitt einen neuen musikalischen Gestus, stellenweise hat Musik ein rezitativischen Charakter (es wird ja auch eine märchenhafte Geschichte erzählt). Die wechselnde Parallelität von Hütteninterieur und Außenansicht schlägt sich nieder in der wechselnden musikalischen Begleitung, die den einzelnen Handlungszügen strikt auf den Hacken bleibt: mit dem "Hummelflug", wenn's spannend wird, mit dem

"Walkürenritt"-Motiv, wenn sich der rettende Ankerstein als Goldklumpen herausstellt. Die Musik klingt, wie die Personen handeln: jede Aktion zieht unweigerlich einen entsprechenden musikalischen Gestus herbei, der Sinn von Musik liegt - in bewußter Tautologie - im Doppelungseffekt, der allemal komisch klingt. Indem Chaplin dies tut, verzichtet er auf eine abgehobene, d.h. auf die Parallelität der Handlungen Bezug nehmende musikalische Eigenständigkeit und setzt auf den theatralischen, genauer: kabarettistischen Effekt. In jenen Zeiten einer kunstvollen Slapstick-Manier hatte Musik ein Bestandteil von karikierender Komik zu sein, nicht aber von Gestaltungsabsichten formaler oder expressiver Art. Ein geradezu klassisches Beispiel für Parallelmontage und obendrein für die vereinheitlichende Musik finden wir in Clouzots LOHN DER ANGST, in jener Fabel von den tollkühnen Lastwagenfahrern, die gegen hohes Geld auf zwei klapperigen Autos explosives Nitroglyzerin durch unwegsame Berglandschaften transportieren. Einer der Fahrer bleibt zum Schluß übrig, hat die Taschen voller Geld und steuert den leeren Wagen zu den Klängen des Donau-Walzers über eine enge und halsbrecherische Paßstraße nach Hause, heim zu seinem Mädchen, das ungeduldig auf ihn wartet. Clouzot verfaßt eine perfekte Montage: in ausgewogener Gleichzeitigkeit und Gleichwertigkeit alternieren die Handlungsanteile zwischen steuerndem Lastwagenfahrer und vor Freude tanzendem Mädchen, zusammengeklammert durch diesen Walzer, der einmal aus dem Autoradio, gleichzeitig aus dem Kneipenradio kommt: Musik, deren Quelle genau lokalisiert und damit legitimiert ist, ist gleichsam das die beiden Personen verknüpfende Band, das sowohl für die Protagonisten als auch die Zuschauer hörbar ist und welches die Aktion steuert: das Mädchen tanzt, der Fahrer fährt in walzerseligen Schlangenlinien (und stürzt schließlich den Berghang hinunter; im gleichen Augenblick fällt seine Freundin, ein Fall von Telepathie, in Ohnmacht). Der Walzer erfüllt mehrere Funktionen: er ist die Ursache des Geschehens auf beiden Handlungsebenen (weil das Radio diesen Walzer spielt, tanzt sowohl das Mädchen als auch der Lastwagen); er verdeutlicht den strikten Zusammenhang zweier gleichwertiger Parallelebenen und er ist gestischer Ausdruck einer inneren, schwungvollen Bewegung, d.h. die lastende Spannung des ganzen Films löst sich auf, die Sache scheint - als peripetischer Moment vor der Katastrophe - doch noch gut auszugehen, weswegen der katastrophale

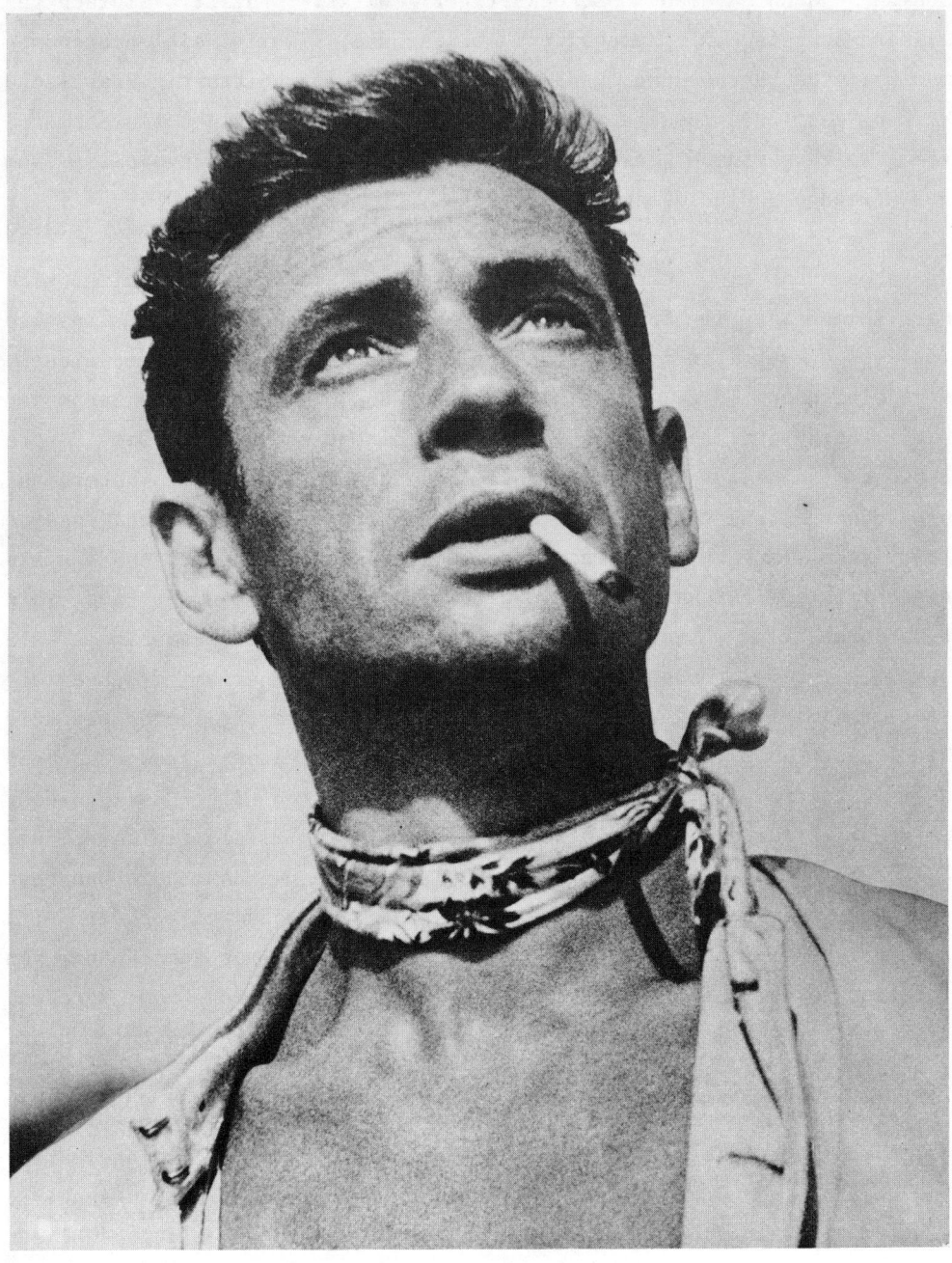

LOHN DER ANGST: Yves Montand als
verwegener Lastwagenfahrer, der
nach überstandenem Nitroglyzerin-
transport leichtsinnig zu den Klängen
eines Wiener Walzers in den Tod rast.　Foto: Constantin

Schluß dann umso schockartiger wirkt. Fazit: einfachster filmdramaturgischer Zuschnitt, einfachste, weil einleuchtendste musikalische Verwendung und deswegen eine holzschnittartig drastische Wirkung auf den Zuschauer, der sich ebenfalls (sozusagen isometrisch) vom Walzerrhythmus erfassen läßt und umso wirkungsvoller vom bestürzenden Schluß überrascht wird.

Gleichermaßen eindrucksvoll, gleichermaßen schlicht gearbeitet eine Parallelmontage im Brutalo-Western KEOMA. Franco Nero, der finstere lonely guy, trifft im Erwachsenenalter auf seinen alten Neger-Diener, der ein paar Takte auf einem kaputten Banjo klimpert. Das Banjo ist damit Stichwort für freundliche Kindheitserinnerungen. Die Kamera schwenkt beiseite und gibt Blicke frei auf den liebevollen Vater, auf unbeschwerte Kinderspiele. Die mageren Banjotöne sind hier weniger eine akustische Verknüpfung zwischen dem Gestern und dem Heute, sondern sie sind Parallelität auslösende Stichworte: das Instrument und sein besonderer Klang fungieren als Reiz- bzw. Erinnerungsauslöser, sie schaffen gewissermaßen die Notwendigkeit für eine zweite, parallele Ebene, die in der Vergangenheit liegt; gleichwertig laufen dann die Handlungsstränge nebeneinander her, sind aber Ausdruck von Ungleichzeitigkeit, deren Gleichzeitigkeit durch die Musik wieder hergestellt wird: hier wie dort waren bzw. sind es die gleichen Töne. Zeigen die parallelen Stränge, wie sich Zeit und damit die Menschen verändert haben, so bleibt die Musik quasi unbeschädigt von der Zeit. Filmmusikhistorisch betrachtet, liegt ein entwickeltes Verständnis von funktionaler Musik vor: Abschied ist genommen vom großen, differenzierten Orchesterklang, an seine Stelle tritt das elementare Kürzel, Musik im groben materialen Rohzustand; sie leistet trotzdem – nein: gerade deswegen ihren intendierten Zweck, denn was als Stichwort gelten soll für die entschwundene Kindheit, das kommt mit vokabelhafter Kürze aus und braucht keine motivisch-thematische Entwicklung. Zu dieser Vokabelhaftigkeit zählt auch der besondere Assoziationshof der Banjo-Klanglichkeit: sie steht für ein lokal-soziales Ambiente besonderer Art und beschwört innere Bilder von Pferde-Ranches, Männerschweiß und Steppengras.

COTTON CLUB von Francis Ford Coppola. Seine Erzählabsicht ist zweierlei: einmal zu zeigen, wie farbig, rauschhaft und überdreht der musikalische Betrieb in jener Harlemer Jazzkneipe in den 20er Jahren vor sich ging, zum anderen zu zeigen, welch brutale Bandenkriege um Rauschgift, Macht und Frauen sich im Dunstkreis dieser musikalischen Kultur austobten. Die Schlußszene bringt in paralleler Montage die finalen Entwicklungen in engste Berührung: während einer atemlosen Steptanznummer im Cotton Club findet in einem benachbarten Restaurant die Abrechnung mit dem Ganoven Dutch Schultz statt; Killer legen ihn und seinen ganzen Clan um. Immer wieder werden die wirbelnden Füße (1.Handlungsebene) eingeblendet, vor allem dieses schlagzeugähnliche Geräusch, während auf der 2.Handlungsebene der große Showdown stattfindet. Das Ganze verknüpft sich zu einem optisch-akustischen, orgiastischen Wirbel, in welchem das Hämmern der Maschinengewehre und das Hämmern der tanzenden Schuhe Gleichsinnigkeit anzeigen. Höchst intelligent die Auflösung: Dutch Schultz bricht tot auf dem Kneipentisch zusammen, im gleichen Moment brandet Beifall (für den erschöpften Tänzer) auf, so, als gäbe eine unsichtbare Zuschauermenge über diese längst fällige Abrechnung ihre Erleichterung kund: Verbrechertum und tödliche Abrechnung als billiges Theater bzw. Machtkämpfe und Showbusiness als zwei Seiten der gleichen schäbigen Münze. Ich denke, diese Parallelmontage zeigt einen hohen Grad an dramaturgischer Perfektion an, denn die sehr ungleichwertige 1.Handlungsebene (der Steptanz) ist filmisch zwar von untergeordneter Bedeutung, gewinnt aber auf der akustisch-musikalischen Seite dominante Qualität insofern, als sie - pars pro toto - mit einem einzigen Signal, dem klappernden Wirbel der Schuhe, die gesamte Welt des Cotton Club-Betriebes repräsentiert und den ständigen Bezugspunkt für den korrupten gesellschaftlichen Rahmen sichert. Filmmusikhistorisch gesehen, hat sich das musikalische Material hier auf den denkbar rudimentärsten Zustand zurückgezogen: auf das rhythmische Geräusch, und bleibt doch wirkungskräftig wie kaum eine andere musikalische Qualität: perfektes Beispiel dafür, daß Drehorte ihre eigene "klingende" Wirklichkeit haben und nicht arrondiert werden müssen durch realitätsfremde ästhetische Zutaten. Vorbei die Zeiten eines Tiomkin oder Waxman; vorbei auch die Zeiten einer opernhaften Opulenz und Theatralik, das Feld wird nun bestimmt vom vorfindlichen Rohmaterial im

COTTON CLUB: Richard Gere und Diane Lane
in einer Szene im berühmten Haarlemer
Jazz-Club der Dreißiger Jahre, dem
Schauplatz von schwarzer Musik und
weißen Bandenkriegen, von Francis Ford
Coppola als tönender Zeitbilderbogen
inszeniert.

Foto: Jugendfilm-Verleih

WENN DIE GONDELN TRAUER TRAGEN (1972):
Donald Sutherland und Julie Christie als
das vom Unglück gezeichnete Ehepaar, das
in Venedig myteriösen Gefahren ausgesetzt
ist. Ihre in Parallelmontage gedrehte Liebes-
szene zählt zu den Glanzlichtern der filmischen Gestaltung durch Kamera und Schnitt.

Foto: Ursula Röhnert, Berlin

Naturzustand, dessen Plausibilität enervierender wirkt als eine darüber gegossene symphonische Sauce.

Immer noch befinden wir uns im kategorialen Rahmen der musikalisch-akustischen Verklammerung von disparaten Handlungsebenen, wobei wir erfahren haben, daß ein musikalisch-akustisches Substrat nicht nur eine vordergründig-formale Klammer bildet, sondern daß es im Sinne einer Bedeutungserschließung von der einen zur anderen Handlungsebene hinüberspielt: Musik als ein wesentlicher Bestandteil von Interpretationshilfe im widersprüchlichen Zusammenprall von gebrochenen, alternierenden Erzählsträngen. Hinter diesen avancierten Punkt scheint das folgende Beispiel zurückzufallen, sofern man sich nur seine musikalische Dramaturgie betrachtet, und doch ist es die wohl kunstvollste Parallelmontage der Filmgeschichte, an der die Musik, gerade weil sie am filmdramaturgischen Kunstcharakter keinen Anteil zu nehmen scheint, höchst wesentlich beteiligt ist. Die gemeinte Parallelmontage findet sich in Nikolaus Roegs WENN DIE GONDELN TRAUER TRAGEN und zeigt einen lang ausgedehnten Coitus, ein heikles filmisches Unterfangen. Roeg weicht der Gefahr, in platten pornohaften Voyeurismus zu verfallen, geschickt dadurch aus, daß er aus einem Ereignis zwei Handlungstränge fertigt. Handlungsebene 1 ist das Liebesspiel als solches, Handlungsebene 2 besteht aus Tätigkeiten nach dem Liebesspiel: Anziehen, Schminken, Krawattebinden, Whisky-Trinken. Diese beiden Ebenen werden nun in Fragmente zerlegt und alternierend gemischt, so daß sich eine Gleichzeitigkeit der Nachzeitigkeit herstellt bei vollkommener Gleichwertigkeit: die Aktionen des Liebesspiels sind fortlaufend unterbrochen von den Danach-Tätigkeiten, z.B. steht die Frau versonnen vor dem Badezimmerspiegel und streicht sich eine Haarsträhne aus dem Gesicht: allesamt Gesten der Zärtlichkeit, in denen das aufwühlende Körperspiel gleichsam nachzittert. Ich sagte, Roeg habe peinlichen Pornoeffekt vermieden – doch wie? Indem er Ursache und Wirkung (Liebesspiel und Nachklang) strikt miteinander verschränkt; damit wird das intime Geschehen gebrochen und dem direkten visuellen Zugriff entzogen gemäß dem Grundsatz, daß man das menschliche Zeugen ebenso wenig filmen darf wie das menschliche Sterben. Als zweiten verfremdenden Eingriff erlaubt sich Roeg, den Real-Ton abzublenden; damit entsteht ein Maskierungs- oder Ästhetisierungseffekt, denn ohne

Originalton werden Ereignisse gewissermaßen durch ein Glasfenster gesehen, werden ästhetisch "gerahmt" und damit unwirklich gemacht. Und drittens legt Roeg eine einfache Musik wölbend über die gesamte Montage, eine Musik bestehend aus einheitlichem Motiv und Motiventfaltung in schlichter Gitarren-, Klavier- und Flöteninstrumentation; was der Schnitt auseinandergelegt hat, fügt sie wieder zusammen, indem sie quasi sagt: das Körperspiel und der emotionale Nachklang sei als strikte Einheit zu denken und zu fühlen. Damit wird der elementare Vorgang eines Coitus den Gesetzen von ästhetischer Überformung unterstellt und dem Gesetz von Natur entzogen. Einzigartig dürfte wohl dieser Fall sein, daß das Gestaltungsmittel der Parallelmontage einen einzigen Vorgangsfluß in zwei nachzeitige, in der Montage aber gleichzeitig in Erscheinung tretende Vorgänge zerlegt und durch eben diese Zerlegung ihren inneren Zusammenhang ins Bewußtsein treibt. Der diskrete musikalische Spannungsbogen, zeitidentisch mit dem erotischen Spannungsbogen, fungiert als Ersatz für den ausgefällten Originalton und als tönendes Ferment im Sinne einer Versicherung, daß diese Trennung in zwei Stränge eine Einheit sein müsse. Und einmal mehr stoßen wir auf den Sachverhalt, daß die musikalische Simplizität kein Ausdruck eines Mangels an musikalischer Erfindungskraft ist, sondern daß der autonome ästhetische Mangel funktionsästhetisch als ein Vorzug sich ausweist; schlicht bedeutet funktionsästhetisch nicht schlecht, sondern hochrangig dergestalt, daß Güte durch Zweckerfüllung definiert wird. Und schließlich bemerken wir, daß es nicht hinreicht, eine klingende Klammerfunktion der Musik zu konstatieren; wir müssen zugleich die Frage miterörtern, was der interpretative Sinn einer Klammerfunktion sei, denn anders als etwa in COTTON CLUB oder LOHN DER ANGST fungiert die musikalische Klammer in WENN DIE GONDELN TRAUER TRAGEN im Sinne eines ethischen Akzents, wohingegen sie dort entweder ironisch-kritisch bzw. handlungsimmanent ihre Rolle auszufüllen hatte.

Was, wenn Musik, anstatt das Disparate zu egalisieren, die Parallelität von Handlungsebenen gleichsam mitspielt? In DIE STUNDE DES SIEGERS ist das der Fall. Wir befinden uns auf der Olympiade in Paris 1924 kurz vor einem entscheidenden 100-Meter-Lauf. Zunächst übernimmt die Musik ihre Rolle als realistische Kulissenbestätigung: Marschmusik vor dem Wettkampf. Die gedehnte Minute der Läufer in ihren Startlöchern vollzieht die Musik hinsofern mit, als sie extrem verhallt wird: Hall als Mittel der verräumlichten Inwendigkeit, als ausgedehnte klingende Zeit, die als Raumzeit ins Bewußtsein tritt. Was optisch durch Slow Motion und per Großaufnahme bewirkt wird, das fokussiert die Musik in ähnlicher Dehnung und dynamischer Intensität als adäquate akustische "Großaufnahme". Der Lauf selber wird parallel montiert: nachdem die Läufer durchs Ziel sind, wiederholen sich einzelne Phasen des Laufes in Zeitlupe und mit ähnlich verlangsamter, verhallter Musik (Synthesizer-Glissandi). Extreme Verlangsamung und extreme Verhallung stehen für ein "Außer der Zeit sein" ein, betonen also sehr nachdrücklich den künstlichen Montagecharakter dieser Sequenz. Musik also fungiert auf zwei Ebenen: auf der Ebene von tönender Realität und auf der Ebene eines gleichsam irrealen Zeit-Vakuums; was der Schnitt sichtbar fürs Auge zerteilt, das zerteilen die unterschiedlichen musikalischen Gesten zusätzlich für das hörende Ohr - warum? Weil die rasante Kürze eines 100-Meter-Laufs - kaum begonnen, so auch schon vorbei - dem betrachtenden Blick noch einmal herbeigezwungen werden soll (so macht es heute jede Fußballberichterstattung bei wichtigen Torszenen) und weil der Moment, der so schön war, zum Verweilen genötigt wird. Eine musikalische Klammer wäre hier sinnlos, sinnvoll dagegen ist die auch musikalisch vollzogene Markierung zwischen dem Jetzt und dem Soeben. Musikalisch also wird die dramaturgische Entscheidung nachträglich bestätigt, ob in einer Parallelmontage die beiden Handlungsebenen als auseinandergetrennt oder als integriert zu deuten sind.

Dies ist in größtmöglicher Radikalität der Fall in Claude Chabrols Film DAS BIEST MUSS STERBEN, speziell in der Eröffnungssequenz. Ein Kind wird von einem leichtsinnigen Autofahrer tödlich überfahren. Die Montage zeigt alternierend das am Strand spielende Kind, dann den auf einer Landstraße dahinrasenden Wagen. Beide kommen sich näher: der Wagen nähert sich der Ortschaft, das Kind befindet sich auf dem Weg nach Hause, der Zusammenstoß löst beide Stränge schulmäßig auf. Musikalisch-akustisch werden die Umschnitte drastisch markiert: zeigt die Kamera das Auto, so hören wir Fragmente aus "Es geht dem Menschen wie dem Vieh, wie dies stirbt, so stirbt er auch" (Brahms, Vier ernste Gesänge); der Liedfluß wird abrupt unterbrochen, wenn der Umschnitt auf das gehende Kind erfolgt, wo sich die Stille eines ruhigen Dorfes ausbreitet. Diese radikalen Ton-/Musik-Schnitte wirken zunächst unmotiviert, doch drückt sich in der testamentarischen Liedzeile ein bereits nahes Unheil an, denn ein durch die Landschaft fahrendes Auto und die Verheißung eines unabweislichen Sterbens gehen eine ungewöhnliche Allianz ein. Daß Chabrol diese vokale Todesdevise nicht auf den Erzählstrang 2 (Kind auf dem Weg ins Dorf) überträgt, ist plausibel: dort ist der Ort von Stille, Frieden und Geborgenheit, in den das Todesauto unerbittlich einzubrechen im Begriff ist. Dieser Einbruch geschieht vor allem akustisch, und wir wissen, daß es zwar die optischen Informationen sind, die einen höheren Grad an informativer Verläßlichkeit haben, daß andererseits die akustischen Reize verantwortlich sind dafür, daß wir einen intensiveren sinnlichen Anteil am Geschehen nehmen: was wir hören, verinnerlichen wir stärker als die optische Botschaft. Hier kommt nun beides zusammen: wir sehen und hören den Frieden, der um dieses Kind gelegt ist; wir sehen und hören, welche Bedrohung in diese abgeschiedene Welt hineingetragen wird - der wuchtige Zusammenprall von Auto und Kind fällt auf den Zuschauer herab wie ein Beilhieb. Drastik und überfallartiger Schock: das ist Chabrols kalkulierte Wirkung in dieser Montage, die zugleich eine Weil- und eine Während-Beziehung knüpft, wodurch das im Lied angekündigte Sterben mit unentrinnbarer Fatalität und Trivialität im eigentlichen Sinne des Wortes sich voll=zieht. Dramaturgische Formgebung und emotionale Wirkung sind unauflöslich zusammengebunden: Wirkung als Resultat von Form; eine analytische Trennung von beidem wäre ebenso unzulässig wie nutzlos.

Der Zusammenhang von dramaturgischer Formung und emotionaler Wirkung: ihn wußten vor allem jene, die sich Film und Musik politisch nutzbar zu machen wußten (und wissen). Der Nazi-Streifen GESTERN UND HEUTE ist vom ersten bis zum letzten Meter nach dem Prinzip der Parallelmontage gedreht; parallelisiert werden - 1.Handlungsebene - die verrotteten Weimarer Zeiten, aus denen der Nationalsozialismus seine ideologische Begründungsmunition bezog, und sodann - 2.Handlungsebene - die nationalsozialistische "Fortschrittswelt": saubere Straßen, flinke Autobahnen, florierende (Rüstungs-) Industrie, begeisterte Menschen und frohe Gesichter vor allem bei "Führers" Rede. Im Kontrast dazu: ein korrupter Amüsierbetrieb der Roaring Twenties, Wohnungsnot, Arbeitslosigkeit und Straßenschlachten. Selten war eine Musik parteilicher als die von Peter Kreuder in diesem Werbestreifen; mit strahlendem Fanfarenklang, mit aufwärtsstrebenden Motiven und frischen Tempi paukt sie das Nazi-Glück den Zuschauern in die Ohren, wohingegen das Weimarer Elend samt seiner kommunistischen bzw. jüdischen Umtriebe in dunkle Farben getaucht wird. Verwendet werden atonale Stilmittel (als tönendes Indiz für kulturelle Entartung), Strawinsky-Imitate und verfremdeter Charleston-Amüsiersound, um die vergangenen Zeiten als Horrorvisionen angemessen zu tapezieren. Auf beiden "Zeit"-Ebenen – der Jetzt-Zeit und der Gestern-Zeit – entsteht eine starke Suggestion, weil die Musik bestätigt, was die Bilder einreden wollen. Strahlende C-Dur-Harmonie gegen verquälte Dissonanzen: da werden dann gleich zwei Vorurteile zu einem dicken Brei zusammengerührt, nämlich das ästhetische mit dem politischen.

Verwunderlich ist obendrein, wie sicher die Regie bereits mit Gestaltungsmitteln umgeht, die im neuzeitlichen Video-Clip wiederkehren, z.B. mit der raschen Schnittfolge, mit dem punktuellen Bildeindruck, mit rasanten Licht- und Schatteneffekten; der Zuschauer, so will es die Bilddramaturgie, soll keine Zeit zur analytischen Sachprüfung erhalten, er wird gewissermaßen impressionistisch überfahren (Klaus-Ernst Behne wählte, mit Blick auf den Video-Clip, dafür den treffenden Begriff der "dosierten Rätselhaftigkeit"). Nach eben diesem Verfahren richtet sich der politische Propagandafilm: er begnügt sich, wo die Sache selbst der kritischen Befragung entzogen werden soll, mit dem oberflächlichen, flüchtigen Schein. Es obliegt damit letztlich der Musik, in die Rolle einer sensorischen Versicherung, in die Rolle eines emotionalen Beweisträgers zu schlüpfen, und sie leistet diese Rolle umso wirkungsträchtiger, indem ihre "Beweiskraft" in der Parallelität des unmittelbaren Vergleichs gleichsam zur tönenden Schlagzeile zugespitzt wird.

Wir ziehen ein Fazit. Es wurde behauptet, die Parallelmontage sei der Moment eines besonders gründlichen dramaturgischen Gestaltungswillens, mit anderen Worten: der Augenblick präzisen kompositorischen Kalküls. In der Tat stellen wir an ausgewählten Filmbeispielen fest, daß auch die Funktion von Musik, indem sie der Drastik des parallelen Vergleichs teilhaftig wird, besonders klar fokussiert ist. Welche musikalischen Funktionen also lassen sich verallgemeinern im Hinblick auf die filmische Parallelmontage?

1. fungiert Musik als eine Einheit stiftende tönende Klammer von disparaten Handlungsebenen; sie betont also die Momente von Gleichzeitigkeit oder/und Gleichwertigkeit.

2. fungiert Musik als ein Gliederungselement, das die Unterschiede der Handlungsstränge markiert; sie betont dann, gewissermaßen in syntaktischer Absicht, die Ungleichwertigkeit bzw. Ungleichzeitigkeit der verschiedenen Ebenen.

3. fungiert Musik als Ersatz von realer Geräuschwelt; indem sie den Originalton ersetzt, maskiert bzw. ästhetisiert sie den Handlungsvorgang und rückt ihn in eine unwirkliche, stilisierte Distanz; die Wahrnehmung des Zuschauers bekommt damit eine künstlich-kunstvolle "Rahmung".

4. fungiert Musik, vor allem in älteren Filmen mit theatralischem Grundcharakter, als opernhaftes Stilisierungsmittel, wodurch die Leinwand gleichsam zur "Bühne" umgewandelt wird.

5. fungiert Musik als musikalisches Zitat; Zitatwirkungen, d.h. semantische Verdeutlichungen, ergeben sich mit "beschrifteter" musikalischer Stilistik (z.B. musikalische Heraldik gegen gebrochenen Strawinsky-Ton in GESTERN UND HEUTE) oder durch wörtliches Zitieren (z.B. Donau-Walzer in LOHN DER ANGST).

6. fungiert Musik als Verweis auf bestimmte Örtlichkeiten und auf bestimmte historische Zeitebenen (z.B. per Banjo in KEOMA oder per Steptanz in COTTON CLUB).

7. fungiert Musik als ein in der Filmszene genau lokalisierter Handlungs- und Bedeutungsträger; sie "spielt" im reinen Wortsinn ihre Rolle mit (z.B. als Radiomusik in LOHN DER ANGST oder als exzessive Geräusch-"Symphonie" in der berühmten Verfolgungsszene aus FRENCH CONNECTION, wo die Parallelität der beiden Handlungsstränge durch die Gleichartigkeit der hektischen Geräusche so gut wie aufgehoben wird).

8. erkennen wir eine funktionale Leistungssteigerung von Musik dadurch, daß sie sich, historisch betrachtet, von symphonischer Weitschweifigkeit wegentwickelt und sich der Zuständlichkeit des einfachen, nackten, rohen Materials angenähert hat; mit anderen Worten:

die Aussagefähigkeit von Musik wurde dadurch größer und genauer, daß sie auf materiale Entwicklung verzichtete und sich mit der Prägnanz von grober Vokabelhaftigkeit begnügte (simple Akzente und simples Glissando und extremer Hall in DIE STUNDE DES SIEGERS drücken mehr aus als ein verwickeltes motivisch-thematisches Geflecht à la Tiomkin).

Noch kürzer zusammengefaßt: Musik in der Parallelmontage dient
- der Beschleunigung des Fortschreitens verschiedener Handlungsstränge (dynamische Funktion),
- der Unterstützung von gegenseitiger Handlungserläuterung (der Verdeutlichung von Während- und Weil-Beziehungen; temporale und kausale Funktion),
- der gegenseitigen Bewertung von Handlungsebenen (interpretierende Funktion),
- der gegenseitigen Handlungsintensivierung (affektive oder gar suggestive Funktion),
- der gegenseitigen Handlungsgliederung (syntaktische Funktion),
- der Bestätigung oder aber der Aufhebung von chronometrischer Zeitwahrnehmung (Zeit/Raumfunktion),
- (höchst selten, dann aber höchst wirkungsvoll) der Auflösung von parallelen Handlungsebenen (Finalfunktion), wie am Beispiel von COTTON CLUB zu studieren ist.

DIE TRÄUME UND DIE MUSIK IM "ZAUBERBERG"

CLAUDIA BULLERJAHN

I Der Traum in Werken Thomas Manns

Betrachtet man die Werke Thomas Manns, so stellt man
fest, welche große Bedeutung dem Traum zukommt. Es läßt
sich sogar eine Entwicklung in der Abfolge seiner Werke
feststellen, in denen mit wachsender Bedeutung der
Subjektivität die der Träume und Visionen zunimmt
(EGRI, 1968, 101).

Die Träume in seinen Erzählungen und Romanen, die
ihre Lebendigkeit sicher dem Einfließen eigener Erfahrung verdanken, werden z.B. für psychoanalytische Deu-
tungen herangezogen, eine Tatsache, die umso mehr erstaunt, wenn man berücksichtigt, daß Thomas Manns
intensivere Beschäftigung mit Freud erst nach der Entstehung der meisten seiner Werke erfolgte. Thomas Mann
selbst betont seine Verwunderung darüber, daß er die
Psychoanalyse, obwohl es bei ihm latent vorhandene
"vorbewußte Sympathien" gab, erst im nachhinein ent-
deckte (MANN 2, 1978, 176). Die Psychoanalyse hat für
ihn die Stellung einer Weltbewegung, deren Einfluß auf
andere Bereiche unverkennbar ist, und nicht nur die
einer therapeutischen Methode (MANN 2, 1978, 167).

Thomas Manns Freud-Kenntnisse bis zum "Zauberberg"
(1924) erstrecken sich neben Sekundäraneignungen aus
der publizistischen Diskussion vor allem auf die "Drei
Abhandlungen zur Sexualtheorie" (Dr. Krokowski betreibt
z.b. "Seelenzergliederung" und hält Vorträge über die
Liebe) und auf "Zeitgemäßes über Krieg und Tod" (MANN
2, 1978, 10 f.). Im vollem Ausmaße zum Tragen kommt die
Psychoanalyse später im Josephsroman, in dem die Zusam-
mengehörigkeit von Traum und Deutung proklamiert wird.
Joachim Schulze hält allerdings den Einfluß von Jung
auf Thomas Mann hinsichtlich dieses Romans für bedeu-
tender als den von Freud (SCHULZE, 1968, 516 ff.).

II Traum im "Zauberberg"

Die Häufigkeit, mit der das Wort "Traum" und die davon
abgeleiteten Begriffe im "Zauberberg" auftauchen, ist
beachtlich. Ganz abgesehen von den zahlreichen Träumen
Hans Castorps (MANN 1, 1967, s. 22, 96f., 127ff., 215,
302, 516ff.) wird der Traum oft als Metapher für das

Leben auf dem Zauberberg verwandt. Die hermetische
Abriegelung des Zauberberges von jeglichem Kontakt mit
der Außenwelt (vgl. KOOPMANN, 1961) und die immer gleiche Untergliederung des Tagesablaufes durch die Mahlzeiten und des Jahres durch die Feste lassen die
Bewohner jegliches Zeitgefühl verlieren. Das Leben,
definierbar als Dasein in Zeit und Raum, wird zum Traum
ohne Zeit und Raum.

"Im Verlauf des Geschehens ist Castorp immer mehr geneigt, den
Traum und die Vision als das Wahre und Wirkliche, die Wirklichkeit
dagegen als das Unwirkliche – Unwahre zu erkennen." (KOOPMANN,
1961, 419)

Thomas Mann bezeichnet Hans Castorp selbst gegen Ende
seines Aufenthalts im Sanatorium als "Siebenschläfer"
(MANN 1, 1967, 750), der seine "Zeit verträumt, unge-
achtet dessen, daß außerhalb des Traumes Geschichte und
Wirklichkeit sich ereignen" (KARTHAUS, 1970, 284). Auch
das Wiedererkennen seines Mitschülers Pribislav Hippe
in Madame Chauchat wird von Hans Castorp als immer
wieder geträumter Traum empfunden:

"C'est un rêve, bien connu, rêvé de tout temps, long, éternel,
oui, être assis près de toi comme à présent, voilà l'éternité."
(MANN 1, 1967, 356)

Die Wiederholungen großer Zusammenhänge und auf niedri-
ger Ebene das schriftstellerische Mittel des Zitats im
Roman bestätigen Hans Castorps zyklisches Zeitempfinden
(vgl. WIRTZ, 1954, 126ff.).
    Wie schon deutlich wurde läßt sich der Traum im
allgemeinen und besonders im "Zauberberg" nicht ohne
den Zeitbegriff betrachten, denn der "Zauberberg" ist
ein "Zeitroman im doppelten Sinne", der nicht nur Zeit
als Epoche abzubilden versucht, sondern auch die reine
Zeit selbst zum Gegenstand hat (Thomas Mann, "Einführung in den 'Zauberberg' für Studenten der Universität
Princeton", in: SEITZ, 1982, 15).
    Immer präsent im Sanatorium Berghof ist ferner der
Tod, das Dasein in Raum ohne Zeit. Der Tod ist für Hans
Castorp keine fremde Welt, denn er fühlte sich seit
jeher mit ihm verbunden, und so ist es auch "Sympathie
mit dem Tode", die Hans Castorp auf dem Zauberberg
festhält (KASDORFF, 1932, 121). Die Träume Hans
Castorps deuten z.T. symbolisch auf den Tod ihm nahe-
stehender Personen voraus, so z.B. sein erster Traum

(sein Initialtraum?) auf den Tod seines Vetters Ziemßen und der große Traum in dem Kapitel "Schnee" auf seinen eigenen. Bestimmten Personen wohnt auch symbolisch der Tod inne, so z.B. Pribislav Hippe, dessen Name auf die Sense des Todes verweist.

Betrachtet man die Auflistung der Vigilanzgrade (Wachheitsgrade) nach <u>Fink</u> (FINK, 1979, 90), so fällt einem auf, daß sich eine kontinuierliche Folge von verschiedenen Abstufungen von Wachheit, verschiedenen Schlafphasen einschließlich der Traumphase (REM - Phase), der Bewußtlosigkeit bis zum Tod hin aufstellen läßt. Die Nähe von Schlaf und Tod ist augenscheinlich, wenn auch die EEG-Kurven in der REM - Phase dem Wachsein am ähnlichsten sind. Schon in der griechischen Mythologie wird der Schlaf als der Bruder des Todes bezeichnet und der Traum als der Sohn des Schlafes. Und auch die Zeit hat ihren Platz, denn sie ist der Schwager des Todes. Im "Zauberberg" finden wir also den Menschen seit langem vertraute Bilder und Symbole.

III <u>Wesen des Traums</u>

Nach <u>Freud</u> kann man den Traum als sinnvolles Produkt nächtlicher Seelentätigkeit ansehen. Er behindert nicht den Schlaf, sondern ist dessen Hüter. Die treibende Kraft beim Träumen ist emotionaler Natur, denn der Traum ist ein Produkt des Triebwunsches (vgl. FINK, 1979, 26). Daß jeder Traum eine Wunscherfüllung sei, wird von <u>Elisabeth Lenk</u> dahingehend modifiziert, daß dieser den Wunsch artikuliert (vgl. LENK, 1983, 368). Das Material des Traumes stammt aus zwei Quellen: zum einen aus den Tagesresten und zum anderen aus Kindheitserinnerungen (vgl. GAUBE, 1978, 30). Durch die Zensur der Traumarbeit wird der latente Traumgedanke in den manifesten Traum überführt. Die Traumarbeit bedient sich dabei der Prinzipien der <u>Verdichtung</u> (Verknüpfung verschiedener Traumgedanken und -inhalte), der <u>Verschiebung</u> (Bedeutungsverschiebung bestimmter Elemente der latenten Traumgedanken im manifesten Traum), der <u>Dramatisierung</u> (Verwandlung eines Gedankens in eine visuelle Situation) und der <u>Symbolisierung</u> (vgl. FREUD, 1971, 11-52).

Vom Traum im engeren Sinne ist der <u>Tagtraum</u> (Wachtraum) zu unterscheiden, denn er unterliegt im Gegensatz zum Traum der willentlichen Kontrolle. Meistens wohnt ihm die Erinnerung an eine, meist mit verminderter Aufmerksamkeit einhergehende, psychische

Tätigkeit inne, während des Wachseins treten lebhafte
(rationalisierte) Wunschvorstellungen auf (vgl. FINK,
1979, 77). Fink sieht folgende Funktionen und Bedeutun-
gen der Wachträume (FINK, 1979, 80):

"1. Die Wunschbefriedigung im Sinne des Lustprinzips
2. Ersatzbefriedigung und Flucht aus der Wirklichkeit
   (Regression)
3. Vorbereitung zur Sexualbefriedigung, Auslöser für viele
   physiologische Reaktionen
4. kognitives Probehandeln, Mittel zur Selbstkontrolle
5. Quelle schöpferischen und künstlerischen Materials, "Krea-
   tivitätspotential" des Menschen
6. zeigt die Gesamtpersönlichkeit, beleuchtet besonders das
   Vorbewußte. "

IV Film und Traum

"Cinema is 'like' dream in the mode of its presentation; it
creates a virtual present, an order of direct apparition. That is
the mode of dream." (Langer, Susanne: Feeling and Form. A Theory
of Art developed from "Philosophy in a new Key", New York: 1953,
s. 442, zit. n. GAUBE, 1978, 12).

Die Tatsache, daß die formalen Charakteristika des
Traumes bei anderer Art und Weise der Präsentation
denen des Films ähneln, ist vielen Leuten bekannt. Die
Wirkung des Films als künstlicher Traum bedingt es, daß
viele Leute in das Kino gehen, um sich in einen tag-
traumartigen Zustand zu versetzen, in dem sie der ent-
täuschenden Wirklichkeit zu entfliehen glauben. Die
Bezeichnung Hollywoods als "Traumfabrik" kommt nicht
von ungefähr.
   Im Film nimmt die Kamera den Platz des Träumenden
ein (vgl. GAUBE, 1978, 103).

"Innerhalb einer Episode kommt eine realistische Folge von Bildern
vor, während der Träumer sich vorstellt, er gehe umher oder be-
obachte die Szene. Beim Treppensteigen z.b. ändert sich das Bild,
wie sich die Szene in einer fortlaufenden Filmsequenz ändern
würde, bei der ein Kameramann seine Kamera auf Augenhöhe hält,
während er die Treppe hinaufgeht." (Foulkes, David: Psychologie
des Schlafs, Frankfurt/M., 1969, s. 119, zit. n. GAUBE, 1978, 42)

Die Prinzipien der Traumarbeit (Verschiebung, Verdichtung, Dramatisierung, Symbolisierung) finden ihr Äqui-

valent in entsprechenden Filmtechniken, z.B. Montage, Zeitraffer, verschiedene Filter, Zoom. Ähnlich wie uns im Traum das Größer- und Kleinerwerden von Personen nicht als fantastisch auffällt, wirken die erlernten Kinokonventionen, wie z.B. Schnitt, Überblendung und Heranholen von Objekten mit dem Zoom, realistisch. Die geträumte Realität auf der Leinwand ist freibeweglich in Zeit und Raum (vgl. GAUBE, 1978). Weder gibt es den festen Rahmen eines gegebenen Raumes, noch ist das Tempo des Geschehens einheitlich. Genau wie im Traum der Schlafende ist im Kino der Zuschauer passiv, während der Film ihm Eigenbewegungen vorgaukelt. Der grundlegende Unterschied zwischen Film und Traum ist allerdings der, daß der Film dem Zuschauer <u>vor</u> die Augen kommt und die wache Wahrnehmung erfordert (vgl. GAUBE, 1978, 90). Seine Aktivität liegt in der Interpretation des "Puzzle(s) von Licht und Schatten" (GAUBE, 1978, 90).

Bei solch enger Verwandtschaft von Traum und Film ist die Konzeption von Träumen im Film natürlich besonders reizvoll. Allerdings stellt sich nun das Problem, daß der Kinozuschauer bestimmte Kinokonventionen als realistisch zu erleben gelernt hat und daß nun der Unwirklichkeitscharakter im Traumteil z.B. durch Randunschärfen oder Schleierfilter überbetont werden muß. Alfred Hitchcock versuchte in seinem ersten Psychoanalysefilm "Spellbound" (1944) mit dieser Filmtradition der Kinoträume zu brechen und verpflichtete deshalb Dali, der "rein visuelle Träume (...) mit spitzen und scharfen Konturen, härter als die Bilder des eigentlichen Films" (<u>Alfred Hitchcock</u>, zit. n. GAUBE, 1978, 118) gestalten sollte.

V <u>Musik im Traum und im Filmtraum</u>

Der Bereich "Musik im Traum" ist ein relativ junges Teilgebiet der neueren Traumforschung. Die Ergebnisse, die auf relativ wenigen Träumen basieren, sind deshalb noch nicht abgesichert und z.T. im Bereich des Spekulativen.

Die Tatsache, daß Musiker, wie z.B. Schubert, Tartini, Händel und Mozart, in ihren Träumen Musik hörten, die sie zur Niederschrift neuer Werke anregte, erscheint noch recht plausibel. Wenn nun allerdings <u>Heinz Prokop</u> in seinem Artikel behauptet, daß nach seiner Erfahrung mit Patienten und Freunden musikalische Träume auch beim Nichtmusiker häufiger seien als man

denke (vgl. PROKOP, 1979, 51), so läßt dies den Leser
erstaunt aufhorchen. Die "Erlebnisqualität (der einzelnen Träume, C. B.) ist nicht gebunden an die Fülle eines
umfangreich instrumentierten Orchesters, sondern kann
auch mit einer ganz einfachen, aber beglückenden Melodie verbunden sein. " (PROKOP, 1979, 55) Vorwiegend
stehe die einzelne Melodie im Vordergrund, selten
spiele ein Rhythmus eine Rolle. Die Musik könne am Ende
eines Traumes als Weckreiz dienen. Hildemarie Streich
betont vor allem "die archaische Bedeutung der Musik
(im Traum, C. B.) als kathartische und harmonikale Potenz". Ihr wohne "befreiende, schöpfereiche Fähigkeiten
entbindende Kraft" inne (STREICH, 1980, 12).
   Die folgenden Gedanken Heinz Prokops sind in diesem
Zusammenhang besonders aufschlußreich:

"Bei den musikalischen Träumen fiel auf, daß sie immer auf ein
Bild bezogen waren, beziehungsweise dieses untermalten. Die Musik
verstärkte das Wesentliche der Bilder und hob eindrucksvoll den
Symbolcharakter einer bestimmten Szene hervor (Hervorhebung vom
Verfasser). Was die Erlebnisqualität anbetrifft, übertraf die
Musik fast immer ganz erheblich das Bildhafte des Traumes. die
musikalische Untermalung zeigte fast immer, daß es sich um einen
Traum handelte, der herausgehoben werden sollte. " (PROKOP, 1979,
51).

Man fühlt sich unwillkürlich an Zofia Lissa erinnert,
die in ihrer "Ästhetik der Filmmusik", nun allerdings
auf den Film bezogen, schreibt:

"Im Film, wo die Musik immer bestimmte Bilder begleitet, konkretisiert das Bild den Ausdruck der Musik. Andererseits verallgemeinert das Bild durch die Mehrdeutigkeit ihres Ausdrucks. Darauf
eben beruht u. a. die dialektische Einheit von Musik und Bild im
Film.
Außerdem vertieft die Musik den emotionalen Ausdruck des Bildes,
da sie im Zuschauer 'reale' Gefühle hervorruft, d. h. da sie selbst
den Zuschauer emotional affiziert, während das Bild nur vorgestellte Gefühle, die dem Filmhelden zugeschrieben werden und ebenso imaginativ sind wie er, hervorrufen kann. Darüber hinaus kann
die Musik das Bild ausdrucksmäßig kommentieren, sofern das Bild
selbst keinen eindeutigen Ausdruck hat. " (LISSA, 1965, 175)

Der Grund für die begleitende Musik im Filmtraum kann
also darin gesehen werden, daß die Musik "der Objekti-
vität der Bilder ein ergänzendes Leben" gibt (GAUBE,
1978, 121), auch wenn die Mehrzahl der "Bilder der

Nacht" unbegleitet geträumt werden.

Natürlich können auch die Filmmusik bzw. die gesamte akustische Ebene den Inhalt der auditiven Vorstellungen des Träumers im Film wiedergeben. Bestimmte KLänge der Außenwelt dienen oft als Anstoß zur Entwicklung der Traummusik des Helden, die dann zumeist als Musik im Bild auftritt. Genausogut kann aber auch das vorherige Fehlen von Musik und prägnanten Geräuschen den nachfolgenden Musikeinsatz als Äquivalent zum Traumbeginn unterstreichen. Die Musik bei Traumdarstellungen zeichnet sich oft durch eine "entrealisierte Klangfarbe" aus (LISSA, 1965, 186), bedingt z.B. durch Mittel der Instrumentation, der Dynamik oder Idiomen der Neuen Musik , wie z.B. Bitonalität und Collagen (vgl. DE LA MOTTE-HABER/EMONS, 1980, 148). Spezifische Lernprozesse des Zuschauers sind allerdings auch hier wie bei anderen Filmkonventionen Voraussetzung.

VI Traumszenen im "Zauberberg"-Film

Von dem von Hans Werner Geissendörfer gedrehten Film "Der Zauberberg" nach dem Roman von Thomas Mann und mit der Musik von Jürgen Knieper existieren zwei Fassungen: eine 145 Minuten lange Kinofassung und eine 333-minütige Fernsehfassung, die in drei Teilen am 15., 17. und 20. 4. 84 im ZDF gesendet wurde. Die Kinofassung ist im Prinzip die stark zusammengestrichene Fernsehfassung und stellt einen Kompromiß in jeder Beziehung dar. Bezugnehmend auf ein Interview mit Jürgen Knieper ist die eigentliche Fassung die Fernsehfassung. Ich berücksichtige deshalb ausschließlich die Fernsehfassung, zumal die Kinofassung von den vielen Träumen des Zauberbergromans nur einen einzigen, wenn auch den zentralen, wiedergibt.
Außer den Träumen im engeren Sinne gibt es im Zauberbergfilm auch zahlreiche tagtraumähnliche Szenen. Zu ihnen gehört z.B. das "Kaffeetassenballett" (Name vom Verfasser), das Hans Castorps Gedanken auf seinem Balkon in der Liegekur am ersten Tag verdeutlicht. Im Bild erblickt man die Patienten im Speisesaal beim Kaffeetrinken, doch nicht in realistischer Art und Weise. Mit Ausnahme des regungslos dreinblickenden Herrn Albins, dessen Selbstmorddrohung Hans Castorp kurz zuvor von seinem Balkon aus erlebt hat, heben und senken die Patienten nahezu synchron ihre Kaffeetassen oder bestreichen ihre Brote. Dies alles läuft völlig ge-

räuschlos ab. Die Szenen scheint unter einer Glas-
glocke, hermetisch abgeschlossen, stattzufinden. Die
Musik unterstützt diese beklemmende Wirkung: Sie basiert auf nur zwei Motiven, die ständig wiederholt
werden. Das erste Motiv ist ein in der Harfe fortwährend aufwärtsgeführtes Vier-Ton-Arpeggio eines verkürzten Dominantseptnonenakkords mit kleiner None (im
folgenden als Dv abgekürzt), dessen tiefster Ton von
dis über d, cis, e, es, fis, f nach d verschoben wird.
Einige Takte später setzen die Fagotti, Bässe und Syn-
thesizer mit dem Motiv A ein, immer eine große Terz
tiefer als der tiefste Ton des Harfenarpeggios.

Motiv A

In einem langsamen Crescendo treten nach und nach
Streicher und Bläser mit Tönen des Dv dazu, was eine
Zunahme der Dichte bewirkt. Die langen Noten und die
tiefe Lage des Motivs A strahlen eine gewisse Ruhe aus,
die aber durch das unerbittliche Harfenarpeggio, das
fortwährende Crescendo und die harmonische Spannung des
Dv in das Gegenteil umgekehrt wird. Es erscheint wie
eine Erlösung oder ein erleichtertes Aufatmen, wenn das
Harfenarpeggio zum Stillstand kommt und nur noch das
Fagott auf einem Ton liegenbleibend zum Liebesthema in
den Celli überleitet, das in der nächsten Szene und
auch sonst sehr oft das Erscheinen Madame Chauchats
begleitet.

Dem Zuschauer wird durch diese Sequenz die Bedeutung
des fünfmaligen Treffens der Patienten im Speisesaal
bewußt. Andererseits werden auch die Gefühle Hans
Castorps wiedergespiegelt, der die Abgeschlossenheit
der Patienten von der Außenwelt sehr wohl bemerkt. Die
Musik stiftet außerdem Verbindung zur vorherigen Szene,
denn in deren begleitender Musik (Thema A gegen Ende
der Szene) ist das Harfenarpeggio im Hintergrund schon
zu hören, sodaß die Fortsetzung logisch erscheint.

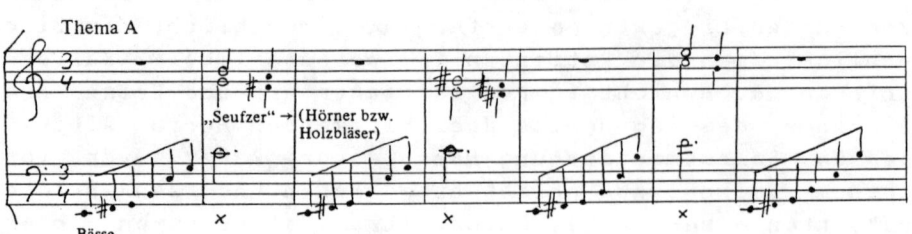

Thema A

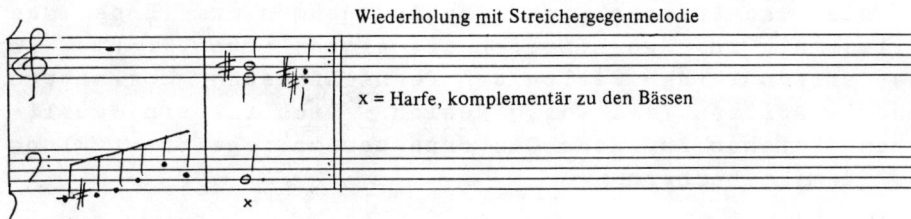

Wiederholung mit Streichergegenmelodie

x = Harfe, komplementär zu den Bässen

Ein weiteres tagtraumähnliches Moment findet sich in der "Fastnachtszene". Ein Großteil der Szene ist mit Musik, deren Schallquelle im Bild sichtbar ist, ausgestattet. Hans Castorp, der bei einem Spiel der Kranken daran scheitert, ein Schweinchen blind zu zeichnen, gibt die Schuld dem Bleistift und sucht daraufhin verzweifelt einen neuen. Bei seiner Suche wird er von einer Pizzicatovariante des Themas A begleitet. In dem Moment, in dem er in Madame Chauchats Gesicht das Gesicht seines ehemaligen Mitschülers Pribislav Hippe wiedererkennt, weicht die Musik der Stille. Genauso ,wie einem der Atem stockt bei unglaublichen Erscheinungen, stockt hier die Musik. Vergleichbar ist diese Szene mit jener, in der ein Telegramm die Ankunft des Onkels ankündigt. Die Hans Castorps Gedanken begleitende Musik beim Betrachten des erleuchteten Röntgenbildes Madame Chauchats findet jäh ein Ende mit dem ihn beim Klopfen durchzuckenden Gedanken, daß Madame Chauchat zurückkehren könnte. Das Phänomen, daß die Musik in Augenblicken höchster Spannung aussetzt und so die

Stille die innere Spannung des Zuschauers erhöht, wird
schon von <u>Kracauer</u> beschrieben (KRACAUER, 1963).

Bei weiteren Wachträumen Hans Castorps scheint es,
als ob die Musik seinen Zustand zwischen Wachen und
Schlafen repräsentiere bzw. selbst der Verursacher
seiner Abwesenheit sei. Dieses wird z.B. deutlich in
der "Hysterieszene" (Name des Verfassers), die das
Kapitel "Die große Gereiztheit" wiederspiegelt, und in
der "Kriegsszene" (Name des Verfassers), in der Hans
Castorp die Realität erst in dem Moment wahrnimmt, in
dem die ihn einlullende, seinen Willen erlahmende Musik
verstummt ist.

Die wachtraumartigen Szenen nehmen zum Ende des
Films hin zu, wo hingegen die eigentlichen Träume in
den ersten beiden Teilen der Fernsehfassung dominieren
und im dritten Teil völig fehlen. Dies ist ein deutli-
ches Zeichen für Hans Castorps persönliche Entwicklung
auf dem Zauberberg.

Von den vielen <u>Träumen</u> des Zauberbergromans bearbei-
tet Geissendörfer für den Film nur drei und diese in
zum Teil erheblich gekürzter Fassung. Die beiden ersten
ergänzen sich im Inhalt, denn sie handeln beide u.a.
von Hans Castorps Entdeckung seiner Liebe zu Clawdia
Chauchat.

Der <u>erste Traum</u> findet in der Nacht vom ersten auf
den zweiten Tag von Hans Castorps Aufenthalt im Sanatorium statt. Er entspricht mit einigen Zutaten
Geissendörfers in etwa dem fünften Teil des Traums auf
S. 96f. (MANN 1, 1967). Da die sonst noch in diesem
Traum auftauchenden Personen (u.a. Hofrat Behrens,
Krokowski und Settembrini) im Filmtraum keine Erwähnung
finden, wird die Bedeutung der Liebe zu Madame Chauchat
noch stärker betont. Der Traum verarbeitet von Hans
Castorp erlebte Tagesereignisse und das wachtraum-
ähnliche "Kaffeetassenballett".

Der Beginn erinnert an das "Kaffeetassenballett",
nur ist der Speisesaal in ein unwirkliches, rotes Licht
getaucht und auf jeder Patientenbrust leuchtet ein
Röntgenbild. Die Tür geht auf und Madame Chauchat erscheint wie zu einer der vielen Mahlzeiten am Tag (sie
trägt auch das Kleid vom Tag zuvor), allerdings mit
offenem Haar, auf blauem Hintergrund und in gleißendes
Licht getaucht. Die Patienten stehen wie zur Begrüßung
auf und gehen rechts und links von Madame Chauchat wie
in einer Prozession ab. Sie lassen hinter sich Hans

Castorp alleine in der Mitte des Speisesaals zurück.

Madame Chauchat schreitet auf Hans Castorp zu und reicht ihm ihre nach oben geöffnete Hand, die er küßt. Die Musik in diesem Traum bedient sich ähnlicher Elemente wie die Musik zum "Kaffeetassenballett". Der Traum kündigt sich schon in der Szene davor an, die den unruhig im Bett schlafenden Hans zeigt, und zwar durch ein Streichertremolo, das zwischen zwei Akkorden schwankt und durch die Harfe, die mehrmals ein aufwärtsgerichtetes Fünftonarpeggio einwirft. Vor dem Auftreten Madame Chauchats erscheinen Teile des Liebesthemas schon mehr oder weniger abgewandelt im Horn, den Celli, Bässen und einer Solovioline und drücken so die Erwartung ihres Erscheinens aus. Bei ihrem Auftritt erklingt das Liebesthema in vollständiger Form in der Solovioline,

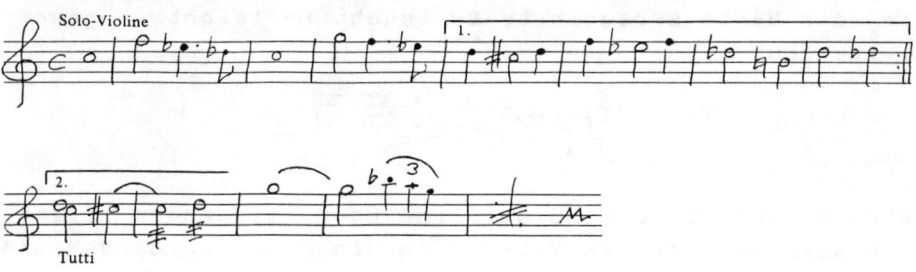

ähnlich wie in dem Moment, in dem Hans Castorp das erste Mal ihren Auftritt miterlebt. Das auftaktige Liebesthema bricht aber nicht dort ab, sondern wird in der Solovioline und Oboe wiederholt und in Klammer 2 mit Verzögerung und unter ständigem Crescendo der Streicher zu einem strahlenden Höhepunkt gebracht, auf dem unter Beckenwirbel die volle Blechbläserbesetzung mit dem Liebesthema einsetzt und die Streicher Synkopen im Fortissimo dagegensetzen. Genau synchron zum musikalischen Höhepunkt erfolgt der Handkuß, dessen symbolische Bedeutung klar wird, wenn man sich vergegenwärtigt, daß die Musik in der Szene, in der Hans Castorp die Erfüllung seiner Liebe zu Madame Chauchat erlebt, mit dieser nahezu identisch ist. Während die Musik weiter durchläuft, wird Hans wiederum unruhig schlafend im Bett gezeigt. Der Zuschauer ist nun von seinem Traum ausgeschlossen. In der Überleitung zur nächsten Szene wird mehrmals ein Seufzermotiv wiederholt, das, in immer tiefere Lagen versetzt, langsam verklingt, während Hans Castorp sich schon in Joachims Zimmer befindet. Die Musik verbindet also die Szenen miteinander.

Den <u>zweiten Traum</u> träumt Hans Castorp an einem Wasserfall, an dem er sich niedergelegt hat, um das bei einem Spaziergang plötzlich auftretende Nasenbluten zu stoppen. Der dazu äquivalente Traum im Roman findet sich im zweiten Teil des Traums von S. 96f. und in jenem auf S. 127ff. (MANN, 1967), den Thomas Mann ausdrücklich als Urbild des ersten ausweist. Es drängt sich eine Deutung dieses Traums als Traum eines Inkubationsschlafs auf, mit dem Wasserfall als heiligem Ort. Allerdings sind die Verhältnisse hier umgekehrt, denn dieser Traum ist Ausgangspunkt für Hans Castorps Krankheit (vgl. WAGNER-SIMON / BENEDETTI, 1984, 15).
Der zweite Traum wirkt musikalisch wie eine Synthese aus dem "Kaffeetassenballett" und dem ersten Traum. Der in der Harfe arpeggierte Dv taucht in leicht abgewandelter Form

ebenso auf wie die Solovioline über liegenden Streicherstimmen oder das Motiv A in den Fagotti, Bässen und hohl klingenden Synthesizern. Das anstelle des Liebesthemas erscheinende Thema B, auf der Platte als "Traum von Jugendliebe" bezeichnet, hat eine lang ausschweifende, ruhige Melodie in der Solovioline, die zweimal einen Halbton nach unten sequenziert wird, bevor sie sich bis zum es''', ihrem höchsten Ton, aufschwingt.

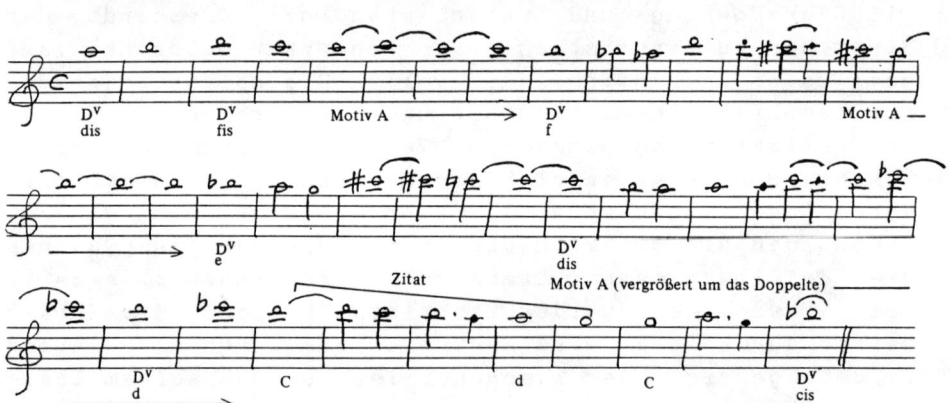

- 101 -

Das Thema B ist formal schwer einzuordnen, da der Dv ein
sehr instabiler Klang ist und ständig einen Halbton
nach unten verschoben wird. Es ist sicher nicht überin-
terpretiert, den zweimal auftretenden, aufwärtsgerich-
teten Tritonussprung als Symbol des Todes zu sehen,
denn der zweite Traum zeigt Hans Castorp, daß es sich
bei seiner Liebe zu der geheimnisvollen Dame mit den
schrägen Augen um dieselbe Liebe handelt, die er als
14-jähriger Junge zu einem Mitschüler namens Hippe
(Sense des Todes) empfunden hatte. Sowohl Hippe als
auch die kranke Madame Chauchat sind Repräsentanten der
Todessehnsucht Hans Castorps. Eine Assoziation zu
Wagners "Tristan" mit seinem Liebestod drängt sich auf,
sowohl in bezug auf Thomas Manns Symbolik als auch auf
Jürgen Kniepers Verwendung wagnerischer, spannungsgela-
dener Harmonik, die lange Zeit vergebens auf eine Auflösung wartet. Sogar ein Zitat aus dem Schluß des
Liebestods des "Tristan" hat sich eingeschlichen,
allerdings aus Versehen, wie J. Knieper betont: Ein
sehr fruchtbares Versehen!

Das Ausleihen des Bleistifts von Hippe bzw. Madame
Chauchat mit der latenten sexuellen Anspielung (der aus
der Hülse emporwachsende Crayon) vollzieht sich nahezu
geräuschlos. Nur Hans Castorps hallende Schritte sind
zu hören, als er sich Hippe nähert. Der kurze Dialog
ist eine Wiederholung des Gesprächs mit Hippe in der
Erinnerungsszene am Anfang des Films und weist auf die
Walpurgisnacht voraus, in der Hans Castorp sich in der
Realität des Films einen Bleistift von Madame Chauchat
ausleiht. Hier übernimmt Geissendörfer Thomas Manns
leitmotivischen Aufbau.

In dem Moment, in welchem deutlich wird, daß Madame
Chauchat und nicht Hippe ihm den Bleistift ausleiht,
erscheint das Liebestodzitat in strahlendem C-dur, die
Erlösung nach dem langen Abschnitt ungewisser Tonalität. Doch ist diese nicht von Dauer, denn der Musikab-
schnitt endet wieder in einem Dv auf cis, der fragend
wirkt und Hans Castorps Verwirrung beim Erwachen aus
seinem Traum verdeutlicht. Außerdem verrät die Musik,
daß Hans Castorps Liebe kein Happyend beschieden ist.

Bei dem dritten Traum stellt sich für den Zuschauer
folgendes Problem: Entweder deutet er den Traum als
"Doppeltraum", d.h. Traum im Traum, oder er betrachtet
die Umrahmung als nicht zum Traum gehörig, orientiert
an der Darstellung im Roman (MANN 1, 1967, 493ff.). In
der Umrahmung irrt Hans Castorp im Hochgebirge durch

einen Schneesturm und verläuft sich. Er kommt zur gleichen Hütte, an der er schon einmal vorbeigelaufen ist
und schläft dort erschöpft ein. Das Umherirren im
Schnee wird von einer auf einem Ostinatomodell ruhenden
Musik begleitet und z. T. sogar beherrscht. Geissendörfer wünschte sich laut Knieper eine Musiksequenz, die
in einer gewissen Dialektik zur übrigen Musik stehen
und von eisiger Kälte sein sollte, so ähnlich wie
Vivaldis "Winter" aus den "Vier Jahreszeiten". Und so
komponierte Knieper eine Musik, deren Nähe zu Vivaldis
Concerti grossi, aber auch zu Bachs Doppelkonzerten
sich nicht abstreiten läßt.

"In bestimmten historischen Epochen entstandene musikalische
Formen und Gattungen, für bestimmte Aufgaben im gesellschaftlichen
Leben jener Zeit geschaffen, sind für uns kondensierte musikalische 'Metaphern', die einen ganzen komplex assoziierter Inhalte
mit sich bringen." (LISSA, 1965, 264)
"Gewisse charakteristische Abschnitte als die Zeichen, Repräsentanten eines bestimmten Formtyps reichen aus." (LISSA, 1965, 265)

Die Musik zur "Schneeszene" bedient sich keineswegs
reiner barocker Schreibweise, sondern altertümelt nur.
Das typische, rhythmusverstärkende Element der Zeit,
das Cembalo, wird stillschweigend durch einen Synthesi-
zer ersetzt, der sich nicht einmal Mühe gibt, wie ein
Cembalo zu klingen. Das für die Barockzeit charakteristische Element, das zugleich als rhythmisches Ostinato
wirkt, liefern die Celli, verstärkt durch einen Synthe-
sizer. Das ständige Kreisen um einen Ton kann auf
verschiedene Arten imterpretiert werden:

1. als Symbol für die treibenden Schneeflocken,
   die scheinbar alle gleich aussehen,
2. als Symbol des Verirrens im Schneesturm (Hans
   Castorp läuft ständig im Kreis herum),
3. als Symbol für die "Ewigkeitssuppe", das
   "stehende Jetzt" des Lebens auf dem Zauberberg
   (MANN 1, 1967, 195).

Der Satz hat die Form AA'A''BB'CC'A'''. Alle Teile sind
achttaktig mit Ausnahme des C-Teils (10 bzw. 18 Takte).
Die beiden Soloinstrumente Flöte und Oboe setzen in A'
bzw. A'' ein. Die zunächst ziemlich eigenständigen
Stimmen werden im C-Teil Bestandteile auskolorierter,
im Barock sehr beliebter Septakkordsequenzen. Die
"Schneeszenenmusik" wird insgesamt noch dreimal zitiert, wobei sich jedesmal die dritte Deutung anwenden
läßt.

Der eigentliche Traum - übrigens der einzige, der
auch in der Kinofassung auftaucht - ist der bedeu-
tendste und längste von allen sonst noch beschriebenen
Träumen und wird auch, bezugnehmend auf den Roman, von
Ulrich Karthaus "das ideelle Zentrum des Romans" genannt (KARTHAUS, 1970, 282). Obwohl die zentrale Bedeutung dieses Traums im Film etwas zugunsten der Liebes-
szene verschoben ist, wie überhaupt der Liebe zu Madame
Chauchat mehr Bedeutung zukommt als im Roman, so läßt
sich doch deutlich eine Steigerung innerhalb der Traum-
abfolge erkennen. Thomas Mann betont selbst die Bedeutung des Moments der Steigerung im "Zauberberg":

"Seine (Hans Castorps, C. B.) Geschichte ist die Geschichte einer
Steigerung, aber sie ist Steigerung auch in sich selbst, als
Geschichte und Erzählung." (Thomas Mann, Einführung in den
"Zauberberg" für Studenten der Universität Princeton, in: SEITZ,
1982, 16)

Dieser Traum, der alptraumartige Züge trägt und
gemäß der Definition Benedettis (WAGNER-SIMON /
BENEDETTI, 1984, 181) als "phobischer Todestraum" zu
bezeichnen ist, wird entscheidend für Hans Castorps
Überwindung seiner Sympathie mit dem Tode (vgl.
KASDORFF, 1932, 133). Der Traum deckt den engen Zusammenhang auf zwischen Leben und Tod, zwischen Schönheit
und Häßlichkeit. Karthaus bezeichnet ihn als Hans
Castorps "Vision eines humanen Lebens":

"Der Weg zur Bejahung des Lebens im 'Schnee' ist ein 'Umkommen',
ein 'im Kreise' Herumkommen. Mit diesem 'in seiner Art (...)

richtigen Wort' (...) wird die Identität von Wiederkehr-Gedanke
und Lebensbejahung angedeutet; Todesnähe und Zeitlosigkeit leiten
dort hin. Eine Wahnidee führt Hans Castorp im Kreise herum und
damit zur Erkenntnis; sie bewirkt die Steigerung einer Existenz,
die sich gewinnt, indem sie sich verliert." (KARTHAUS, 1970, 282)

Eine Panflötenmelodie, die die "Schneeszenenmusik"
überlagert, während diese ausgeblendet wird, führt
direkt in den Traum hinein (eine Flöte hört auch
Aschenbach in seinem Traum in "Tod in Venedig"). Hans
Castorp befindet sich an einem Mittelmeerstrand wieder.
Er steht am Bug eines Schiffes, das am Strand anlegt.
Ein nackter Knabe leitet ihn durch eine paradiesisch
anmutende Landschaft, von Thomas Mann mit musikalischen
Klängen als Metaphern beschrieben, mit glücklichen
Menschen. Der Knabe führt ihn bis vor den Eingang eines
griechischen Tempels.
Bevor der Tempel im Bild erscheint, ertönt weiterhin
die Panflötenmelodie.

Sie steht in transponiertem Dorisch (im griechischen
Tonsystem = Phrygisch), einer der Tonarten, die Platon
als angemessen für kriegerische Männer ansah (PLATON,
Politea 3. Buch 10. Abschnitt). So sieht man auch
ringsherum nur junge, kräftige Menschen, die sattellos
auf Pferden reiten, sich im Bogenschießen üben oder
nach der Musik tanzen. Die griechische Tonart soll als
Symbol für die griechische Landschaft stehen, denn nach

griechischen Landschaften wurden bekanntlich die griechischen Tonarten benannt. Die unbegleitete Melodie
(wie wir uns erinnern, betont <u>Heinz Prokop</u> die Bedeutung unbegleiteter Melodien im Traum) hat eine Da-Capo-
Form (AABA) und ist unregelmäßig gebaut. Der erste Teil
umfaßt 14, der zweite 13 Takte. Außerdem finden Takt-
wechsel statt, wenn man sich das ganze Stück nicht
sogar ganz ohne Taktstriche denken will. Beim Erscheinen des Tempels wird die Melodie langsam ausgeblendet
und ertönt nur noch wie aus weiter Ferne.

Der nun folgende Musikteil steht ganz im Kontrast
zur Panflötenmelodie. Hatte diese in Verbindung mit dem
Bild das Gute, Schöne, das Leben und die Liebe verkör-
pert, so steht der folgende Musikteil im Zeichen des
Schreckens, Häßlichen, Bösen und des Todes. Er verwendet keineswegs unbekannte Motive. Eine dunkle Ahnung
des Kommenden erhält der Zuschauer (oder besser: Zuhö-
rer) durch ein stark verfremdetes Motiv, das auch schon
vorher im Film in Momenten der Spannung auftaucht und
später in der "Hysterieszene" als Passacaglia-Thema
eine tragende Rolle spielt.

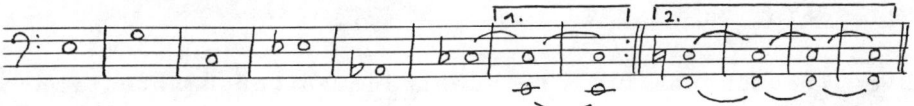

Der neue Musikteil erklingt, schon bevor Hans Castorp
den Tempel betritt. Im Gegensatz zur Panflötenmelodie
(denn ein Flöte spielendes Mädchen war im Bild zu
sehen) ist es nicht wahrscheinlich, daß Hans Castorp
diese Musik vernimmt. Sie spiegelt eher seine Gedanken
wieder, seine spannungsvolle Erwartung des Kommenden.
Das Passacaglia-Thema wird von tremolierenden Streichern und metallisch klingenden Synthesizern intoniert.
Nach einer wild wirbelnden, stark crescendierenden
Streicherüberleitung ertönt in den Blechbläsern eine
Variation des "Lindenbaums", der so oft als Symbol des
Todes im "Zauberberg" fungiert. Die ersten zwei Takte
des "Lindenbaums" werden beständig hin und her einen
Halbton höher bzw. tiefer angespielt. Dazu kommen flir-
rende Trillerfiguren in den Streichern und schnelle, in
großen Bögen verlaufende Flötenfiguren. Die Verarbeitung des "Lindenbaums" erinnert sehr stark an diejenige
in der "Kriegsausbruchszene". Die ähnliche Verarbeitung
deutet schon auf Hans Castorps Ende im ersten Weltkrieg
hin.

Hans Castorp erblickt im gleichen Moment ein Bild
des Grauens: Zwei graue alte Weiber verschlingen hastig

einen gegrillten Säugling. Ein gellender Schrei Hans Castorps ist die Folge. Er will fortlaufen, doch seine Beine stecken im Morast, in dem er zu versinken droht (leider ein sehr abgenutztes Klischee). Doch plötzlich ist der Spuk vorbei: Hans Castorp erwacht im Schnee vor der Hütte, und auch die zum Traum gehörige Musik ist verstummt. Er hat den Sieg über den Tod in Gedanken errungen:

"Ich will gut sein, ich will dem Tod keine Herrschaft einräumen über meine Gedanken. Die Liebe ist stärker als er." (Hans W. Geissendörfer, "Der Zauberberg" - Lesefassung des Drehbuchs, in: SEITZ, 1982, 116)

Die Gedanken Hans Castorps klingen in die nächste Szene hinein, langsam überlagert von den Geräuschen der frühstückenden Menschen im Speisesaal. Die Nachricht von einem Telegramm Joachims weckt den schlafenden Hans Castorp.

VII Schluß

Die Traumszenen und die wachtraumähnlichen Situationen des Zauberberg-Films zeigen einige Gemeinsamkeiten bei der Verwendung der Musik:

1. Eine spezielle Traummusik führt ein und schweigt entweder spontan beim Zurückfinden in die Kinorealität (vgl. Prokops Kategorie der Musik als Weckreiz) oder leitet durch Fade-out sanft in die nächste Szene über.

2. Die Ankündigung des Traums erfolgt oft durch ein Harfenapeggio, das während des Traumes zum Teil verweilt. Die Harfe gilt zudem als "standardisierter, instrumenteller Auslöser", der den Traum von der Kinorealität abhebt (DE LA MOTTE-HABER / EMONS, 1980, 150).

3. Geräusche werden unterschlagen, es sei denn, daß ihnen besondere Bedeutung zukommt, wie z. B. den hallenden Schritten im zweiten Traum. Dies spricht zum Teil gegen die These des Doppeltraums, da das Schneesturmgeräusch doch sehr dominant ist und die Musik teilweise übertönt.

4. Nicht nur Tagesereignisse kehren im Traum wieder, sondern auch die diese begleitende Musik. Sie können im Traum aber auch unabhängig voneinander kombiniert werden, was an Verschiebung

und Verdichtung als Prinzipien der Traumarbeit gemahnt.

5. Die Musik wird zumeist vom Träumenden nicht vernommen (Ausnahme: Panflötenmelodie) und spiegelt unter anderem dessen Gefühle wieder.

6. Bestimmte Motive der Traummusik können außerdem symbolisch wirken. Sofern sie nicht eine Information über das Bild hinaus geben, besteht die Gefahr der Verdoppelung. Der Anklang an den "Lindenbaum" im dritten Traum weist z.B. auf den Tod Hans Castorps hin.

7. In den Träumen wird die Zeit oft psychisch erklärbar modifiziert wahrgenommen, ja scheint zum Teil sogar völlig aufgehoben zu sein. Die Musik trägt dem Rechnung durch ständige Motivwiederholung, wie z.B. kreisende Ostinati, hin und her pendelnde Akkordbewegungen und durch weit geschwungene Melodien.

Die Traummusik hat also über die allgemeinen Funktionen von Filmmusik hinaus noch spezifische, dem Traum adäquate.

Stellt man einen kritischen Vergleich an zwischen den Träumen des Romans und des Films, so müssen einem die Filmträume notgedrungen verarmt vorkommen. Der Traum auf S. 96f. des Romans (MANN 1, 1967) spiegelt z.B. das Ablaufen mehrerer Traumphasen in einer Nacht wieder, berücksichtigt das Phänomen, das man den gleichen Traum mehrmals träumen kann, gibt Aufschluß über die unbewußte Einschätzung der Bewohner des "Zauberberges" durch Hans Castorp und weist auf noch folgende Entwicklungen hin. Die Traumvision Settembrinis als Drehorgelmann wäre sicher gut darstellbar und musikalisch befriedigend zu lösen gewesen, und die gewisse Beziehungslosigkeit, mit der Hans Castorp Settembrini als solchen bezeichnet, wäre vermieden worden. Aber diese Details und viele andere lohnende Aspekte des Buchs sind zur Wahrung der Proportionen der Schere zum Opfer gefallen. Stadelmaier sieht ferner eine Unmöglichkeit darin, "Ideen, Erziehung, Anspielungen, Überhöhungen (zu) verfilmen, Kunst-Welt, die nur dafür steht, mit der Wirklichkeit zu spielen, nie aber Wirklichkeit ist". (STADELMAIER, 1982)

Der Vergleich zwischen dem Roman und dem Film ist als unfair, wenn nicht sogar als unzulässig zu bezeichnen. Geissendörfer mußte Kürzungen vornehmen, wenn er nicht vorhatte, dem Fernsehzuschauer wochenlang den "Zauberberg" vorzusetzen, denn auch dieses hätte den

Zuschauer nicht befriedigt, da er gezwungen gewesen
wäre, den Roman in kleinen, auseinandergerissenen, vor-
verdauten Häppchen zu bestimmten Zeiten an einem bestimmten Ort zu konsumieren. Einen Roman kann man lesen
und weglegen, wenn es einem Spaß macht bzw. wenn die
persönliche Sättigungsgrenze erreicht ist. Das Zerteilen in eine Fortsetzungsserie zerstört den Zusammenhang, besonders bei einem Roman wie dem "Zauberberg",
bei dem es so sehr auf vorausdeutende und zurückverwei-
sende Beziehungen ankommt. Aus diesem Grunde ist der
Kinofassung vielleicht zum Teil der Vorzug zu geben. Es
ist falsch, von einem Film nach dem Roman von Thomas
Mann zu sprechen; richtiger wäre die Bezeichnung als
Film nach bzw. orientiert an Motiven aus dem Roman,
denn der Film kann durchaus für sich selbst stehen. Er
schafft etwas Neues, was mit Sicherheit im großen Aus-
maß der Filmmusik Jürgen Kniepers zu verdanken ist, und
gibt durch Streichungen, Umstellungen, Hinzufügungen
und Personenfestlegungen eine Interpretation des Romans.
    Besonders hart kritisiert wird der dritte Traum:

"Das Kapitel 'Schnee' aber, um noch einmal kurz auf den Roman zu
kommen, im Buch ein toller Traum zwischen Tod und Liebe und Leben
und eine flotte Skitour in einem: im Film eine Modenschau - Hans
Castorp im Pelz, nicht auf Skiern im Schneesturm, irgendwas mur-
melnd, ansonsten das Tierfell neckisch um den Körper geschlungen;
und? Und hat das nicht erlebt, sondern am Speisesaaltisch geträumt. So erledigen Filmemacher das Wundersame: mit einem Nicker-
chen." (STADELMAIER, 1982)

Thomas Mann bezeichnet in seinem Aufsatz "Über den
Film" (1928), "jenes mittelmeerische Traumgedicht vom
Menschen" (MANN 3, 1960, 901) für eine Verfilmung als
besonders geeignet und entwicklungsfähig. Ihm schwebte
allerdings eine Stummfilmversion vor, "verstärkt und
aufgehöht durch Musik" (MANN 3, 1960, 899). Die Neue
Zürcher Zeitung kritisiert die inhaltliche Umsetzung
des Traums und schlägt als Alternative, in Anlehnung an
Luchino Viscontis Behandlung des Traumes in seinem "La
morte a Venezia" eine musikalische Umsetzung vor (NEUE
ZÜRCHER ZEITUNG, 22. April 1982). Dafür spricht z.B.
Thomas Manns Beschreibung der Traumlandschaft als
"Musik wie lauter Harfenklang, mit Flöten untermischt
und Geigen" (MANN 1, 1967, 516). Nach des Verfassers
Meinung hätte diese alleinige musikalische Umsetzung
das Vorstellungsvermögen der breiten Masse des Fernseh-

publikums überfordert und die Eindringlichkeit der
Visualisierung nie erreicht.

Im Augenblick zeichnet sich eine Inflation von
Büchern und Filmen ab, die sich mit dem Traum beschäftigen. Ganz abgesehen von den Handreichungen zum Deuten
der Alltagsträume im Stile der Horoskope und der traditionellen Rolle des Kinofilms als Tagtraumersatz gibt
es Filme und Bücher mit dem "Traum" als Thema (Birdy),
in der Form eines Traumes (La belle captive), pendelnd
zwischen Traum und Wirklichkeit (Kuss der Spinnenfrau)
und die Flucht in den Traum selbst thematisierend (Die
unendliche Geschichte, The Purple Rose of Cairo). Die
immer mehr an Boden gewinnende Regenbogenpresse ermöglicht einen bequemeren und billigeren Einstieg in eine
Wunschtraumwelt von Prinzen und Prinzessinnen,
Schlagersternchen und Neureichen. Diese Thematisierung
der Realitätsflucht sind ein Spiegel der Gesellschaft:
"Die Darstellung der Gesellschaft als ganzes ist nur
noch in traumhafter Form möglich." (LENK, 1983, 275)
Die heutige Gesellschaft kann sich einen Hans Castorp,
der sieben Jahre seines Lebens in einem Dornröschen-
schlaf verträumt, nicht mehr erlauben - sie läßt
träumen.

Literaturverzeichnis

EGRI — Egri, P.: The Functions of Dreams and Visions in **A Portrait** and <u>Death in Venice</u>, in: James Joyce Quarterly Jg 5 Nr. 2 (Winter 1968), Amsterdam 1978

FINK — Fink, N.: Lehrbuch der Schlaf- und Traumforschung, München 1979

FREUD — Freud, S.: Über den Traum (1901), in: Über Träume und Traumdeutung, Frankfurt/M. 1971

GAUBE — Gaube, U.: Film und Traum - Zum präsentativen Symbolismus, München 1978

KARTHAUS — Karthaus, U.: 'Der Zauberberg' - ein Zeitroman (Zeit, Geschichte, Mythos), in: DVj's 44 (1970), S. 269-305

KASDORFF — Kasdorff, H.: Der Todesgedanke in Werken Thomas Manns, Leipzig 1932

KOOPMANN — Koopmann, H.: Die Kategorie des Hermetischen in Thomas Manns Roman "Der Zauberberg", in: Zeitschrift für deutsche Philosophie, 80. Band, 1961 H4, München, Berlin Bielefeld

KRACAUER — Kracauer, S.: Theorie des Films. Die Errettung der äußeren Wirklichkeit = Schriften Bd. 3, hrsg. von K. Witte, Frankfurt/M. 1963

LENK — Lenk, E.: Die unbewußte Gesellschaft - Über die mimetische Grundstruktur in der Literatur und im Traum, München 1983

LISSA — Lissa, Z.: Ästhetik der Filmmusik, Berlin 1965

MANN 1 — Mann, Th.: Der Zauberberg, Frankfurt/M. 1967

MANN 2 — Mann, Th.: Essays Bd. 3 Musik und Philosophie (hrsg. von H. Kurzke), Hamburg 1978

MANN 3 — Mann, Th.: Reden und Aufsätze 2 (Miszellen), Oldenburg 1960

DE LA MOTTE-HABER / EMONS — De la Motte-Haber, H. / Emons, H.: Filmmusik - Eine systematische Beschreibung, München, Wien 1980

NEUE ZÜRCHER Neue Zürcher Zeitung vom 22. April 1982
ZEITUNG   Artikel: Vom Rätsel, wie man Thomas Mann im Film begegnen
              müßte. Zu Hans W. Geissendörfers "Der Zauberberg"

PROKOP   Prokop, H.: Eine schöpferische Produktion des Unbewußten -
              Musik in Träumen, in: Musik und Medizin 11.79, S. 49-56

SCHULZE   Schulze, J.: Traumdeutung und Mythos - Über den Einfluß
              der Psychoanalyse auf Thomas Josephroman, in: Poetica 2.
              Bd. Jg 1968, S. 501-520

SEITZ   Seitz, G. (Hrsg.): Der Zauberberg - Ein Film von Hans W.
              Geissendörfer nach dem Roman von Thomas Mann, Frankfurt/M.
              1982

STADELMAIER   Stadelmaier, G.: Wie sollen wir husten? Ein Elend: Kino
              und Literatur. Geissendörfers "Zauberberg"-Film, in:
              Stuttgarter Zeitung, 26 Feb. 1982

STREICH 1   Streich, H.: Musik im Traum, in: Musiktherapeutische
              Umschau 1, 9-19 (1980)

STREICH 2   Streich, H.: Musikalische Strukturen in den Tiefen der
              Psyche, in: Musiktherapeutische Umschau 1, 253-264 (1980)

WIRTZ   Wirtz, E. A.: Zitat und Leitmotiv bei Thomas Mann, German
              Life & Letters VII (1954), S. 126ff.

Zur Rezeptionspsychologie kommerzieller Video-Clips

Klaus-Ernst Behne

Wer auch nur die geringste Neigung zu Kulturpessimismus hat, sollte
sich nicht mit Video-Clips beschäftigen, er würde mit Sicherheit in
tiefe Depression verfallen. Zu offensichtlich ist in vielen Fällen die
unsägliche Qualität dieser musikalischen Strapse, zu unverhohlen und
brutal wird für sich selbst geworben, zu direkt und geballt wird eine
Mischung aus sex & crime auf den Betrachter abgefeuert, als daß dieser
noch eines klaren Gedankens fähig wäre. Warum sich dann trotzdem mit
Video-Clips beschäftigen? Daß einige Intellektuelle Video-Clips als
eine neue künstlerische Ausdrucksform preisen, wäre ein denkbarer, aber
nicht unbedingt zwingender Anlaß, daß jedoch Video-Clips in Zukunft
jugendliches Musikerleben ganz entscheidend prägen werden, zwingt
Musikpsychologie und Musikpädagogik, sich mit diesem Gegenstand
intensiv zu beschäftigen, unabhängig von der eher akademischen Frage,
ob einzelne Clips nun Kunstwerke sind oder nicht.

Seit wann gibt es Video-Clips? Wer ganz vorsichtig ist, wird "Bohemian
Rhapsody" der Gruppe Queen aus dem Jahre 1975 als erstes Video nennen,
denn in diesem "Werbefilm zu einem Poptitel" wurden erstmals ausgiebig
Videotechniken als optische Gestaltungsmöglichkeit eingesetzt und etwa
seit dieser Zeit ist es allgemein üblich geworden, Popgruppen in
zunehmendem Maße durch Video-Clips zu vermarkten. Man könnte aber auch
weiter zurückgehen und die folgenden Beispiele nennen:

  - "Strawberry Fields" von den Beatles aus dem Jahre 1967,
  - Scopitone, das waren in den 60er Jahren in Frankreich Musicboxen,
die den Sänger gleichzeitig in einem kleinen Film zeigten, Geräte, die
es nach anderen Autoren (Riedl, 1985) in den 40er Jahren schon in den
USA gegeben haben soll,
  - die Filme von Oskar Fischinger aus den 20er und 30er Jahren,
oder darauf hinweisen, daß
  - es bereits 1913 etwa 1500 Tonbildfilme gab, vielfach Operetten- und
Opernfilme, oder "inszenierte Lieder" (Schmidt 1982, S.38)!

Sind Video-Clips auch nur "inszenierte Lieder", oder was ist hinzugekommen? Die exemplarische Analyse einiger ausgewählter Video-Clips soll ihre wichtigsten Eigenschaften verdeutlichen. Das Fehlen bewegter Bilder muß der Leser, der sich für ein so altmodisches Medium wie das Buch entschieden hat, konsequenterweise in Kauf nehmen.

Der erste Video-Clip im engeren Sinne, "Bohemian Rhapsody", ist nicht in allen Aspekten typisch für spätere Clips, zeigt aber doch bereits einige wichtige Möglichkeiten des neuen Mediums:
- der Video-Clip ist Beleg für die musikalische Kompetenz des Interpreten; ein ausdrucksvoll und hingebungsvoll singender und gleichzeitig klavierspielender Interpret (kaum durch Playback imitierbar), ist schlechthin das Symbol für einen versierten Musiker;
- die überzeugende Performance ist aber zugleich ein Mittel, um die Glaubwürdigkeit der (textlichen) Aussage zu erhöhen (auch wenn der Text nicht verstanden wird, entsteht das Gefühl, daß der Sänger wirklich meint was er singt);
- die Musiker werden durch verschiedene Techniken heroisiert, idealisiert, hier: Denkmalsperspektive (besonders am Anfang), visuelle Vervielfältigung der Sänger, die im übrigen der üblichen akustischen Vervielfältigung am Tonmischpult entspricht;
- die Schnittfolge ist nicht übermäßig schnell, relativ musikalisch, z.T. sehr eng an rhythmischen Akzenten orientiert, in lyrischen Passagen mit langbögigen Einstellungen.

Untypisch an diesem Video ist die Tatsache, daß es relativ stark durchkomponiert ist, eine Binnengliederung hat, die optisch prägnant hervorgehoben werden kann. Zweimal tritt die Gruppe (fast) a capella auf, nur die Gesichter fast mönchisch streng visualisiert, dazwischen zwei lyrische, sanft rockende Strophen, die die Musiker in normaler Pose und Kleidung zeigen, bevor es einen in Tempo, Dynamik und Bewegungsspiel sehr markanten Höhepunkt gibt, der wiederum in einem sehr zärtlichen Schluß verebbt. In diesem Video-Clip wird - im Ansatz - die Möglichkeit genutzt, die Musiker unter vielfältigen Aspekten zu zeigen, als wilde, als zahme Rockmusiker und als just dem Knabenchor Entwachsene. Zugleich wird aber auch etwas anderes deutlich: beim spielenden und singenden Popmusiker haben gestische und mimische Komponenten eine wesentlich größere Bedeutung als beim beherrschten, züchtigen "klassischen" Musikerideal. Deshalb deutet sich bereits hier an, daß Fernsehen ein für die Popmusik weit eher adäquates Medium ist als für die europäische Kunstmusik im weiteren Sinne.

Reine Bühnenvideos haben zunächst einmal die Funktion, an ein live-Konzert-Erlebnis zu erinnern oder einen Konzertbesuch zu ersetzen. Trotzdem geht die Intention der Videomacher weiter, denn sie haben entdeckt, daß das Publikum ein sehr wichtiger - und obendrein kostenloser - Darsteller im Clip sein kann. Das ziemlich verlogene Gerede von der "community" zwischen Musiker und Publikum soll durch den Video-Clip glaubhaft gemacht werden. Entweder werden gigantische Zuschauermassen gezeigt, so in "Live in Rio" (Queen), oder (häufiger) Zuschauerverhalten mit Vorbildfunktion wird exemplarisch vorgeführt. In "Live is live" von Opus sieht man anfangs eine punkige Gruppe am Eingang stehen, deren Blicke die Möglichkeit einer hochkarätigen Saalschlacht zumindestens nicht ausschließen, am Ende stehen sie, gezähmt, am Bühnenrand und hängen mit ihren Blicken gläubig an den Musikern!
Sehr geschickt ist das jubelnde Publikum bei Tina Turner ("I can't stand the rain") eingebaut, man sieht von ihm nur die in die Höhe geworfenen Arme, lange Kamerafahrten übers Publikum unterstreichen ihre Anzahl, aber man hört - fast gespenstisch - von den jubelnden Massen so gut wie nichts! Es ist meines Erachtens eines der spannendsten Bühnenvideos, weil eine ungewöhnlich vitale Sängerin im Mittelpunkt steht. Wichtig für die permanent hohe Spannung ist aber sicherlich auch, daß die "side-men", auch was die Körpersprache betrifft, kaum abfallen und jeweils optimal ins Bild gesetzt werden, die Bewegungen auf der Bühne punktuell sehr musiksynchron erfolgen und das ganze auf einem sehr dichten, oszillierenden rhythmischen Teppich ausgebreitet wird. Zu der dichten Spannung trägt sicherlich auch die hohe Schnittfolge (86 in 200 sec) bei, aber vor allem die Tatsache, daß es einige relativ lange Sequenzen gibt, entweder zoomend übers Publikum oder statisch auf der Sängerin, wodurch die schnell geschnittenen Passagen noch atemloser wirken. Dieses Video ist jedoch untypisch und

unmittelbar an der Grenze vor dem eigentlichen Typus, der die Gattung Video-Clip erst begründen half. Untypisch ist die Einheit von Ort und Zeit (auch wenn einzelne Sequenzen vielleicht nachträglich aufgenommen wurden), kaum ein Clipproduzent läßt es sich heute aber entgehen, die Musiker als Musiker und zugleich als etwas anderes zu zeigen, als Held, Tänzer, Wüstendurchquerer, Monster oder Liebhaber. Hart an der Grenze ist dieses Video, weil es noch problemlos, wenngleich mit einer gewissen Atemlosigkeit visuell verarbeitet werden kann, es gibt keine rätselhaften surrealen Bilder, kein benebelndes Bombardement, es gibt aber auch nicht den Versuch, eine Story zu erzählen, wo sie nicht hingehört. Videoproduzenten greifen nur dann zu einer so konventionellen Strategie, wenn sie sicher sein können, daß die Entertainerqualitäten ihres Stars das Video tragen, vielleicht aber auch in der Überlegung, daß diese Qualitäten nur in einem solchen Video optimal wirken können.

"An act of war" lebt zwar auch von (zwei) Gesangsstars, von Elton John und Millie Jackson, ist aber in seiner Ungewöhnlichkeit zugleich ein besonders typisches Video. Was nach einmaligem Betrachten "hängenbleibt" ist der Refrain, die Zahlen 60 bis 1 und die Erschöpfung angesichts einer visuellen Bombardierung. Mit einer wohl einmaligen Dichte von ziemlich genau einem Schnitt pro sec wird der Betrachter hoffungslos überfordert, durch die häufig gezeigten Interpreten und den permanenten Refrain wird jedoch ein dünner Orientierungsfaden angeboten, gleichwohl kann der Clip für einen normalen Betrachter keinen Sinn ergeben. Der ungewöhnlich schwer zu verstehende Text handelt von vergleichsweise harmlosen Problemen einer Zweierbeziehung, die der eine abwechselnd als "an act of war", der andere Partner aber als "no act of war" einschätzt. Das diesem Video-Clip adäquate und sicherlich auch beabsichtigte Erleben ist ein kontinuierlich hoher, bunt gesprenkelter Zustand der Erregung, in dem nichts begriffen wird, denn es gibt nicht viel zu begreifen. Das Betrachten eines solchen Clips schließt jedoch einen gewissen Nervenkitzel ein, ähnelt es doch einem Kampf zwischen dem Bildschirm und unserem Nervensystem: wird der Betrachter mit dem visuellen Orgasmus fertig, wie viele Einzelheiten erkennt er? So wie kleine Kinder gerne auf Mauern balancieren, um die Fähigkeit ihres Gleichgewichtssinnes zu erproben, sind Video-Clips ein

Testfall für die jugendliche Wahrnehmung. Bietet der Clip Wahrnehmungsbruchstücke, die sich in irgendeiner Form diffus verknüpfen lassen, so hat der Betrachter einen Sieg errungen, nicht unähnlich der rauschhaften Erregung, die an Spielautomaten gesucht wird, wo das Wahrnehmungs- (und Reaktions-) -vermögen ebenfalls auf dem Prüfstand steht. Damit zeigt sich ein für Video-Clips zentrales Prinzip, das sich auch bei der Analyse der Kandinskyschen Inszenierung ergab, nämlich das der dosierten Rätselhaftigkeit. Clips, die visuell wahllos um sich schlagen würden - auch das gibt es gelegentlich - , haben keine Chance. Erst wenn bestimmte assoziative "Höfe" ("act of war"/ sichtbare gewalttätige Auseinandersetzung/ ein immer wieder gezeigtes sich heftig ansingendes Paar) angeboten werden, kann der Betrachter das Gefühl bekommen, vom "Sinn" wenigstens einen Zipfel zu erhaschen.

Eine weitere Quelle der Faszination ergibt sich schließlich dadurch, daß dem Betrachter die Rolle eines Jurors nahegelegt wird: es ist offenkundig, daß man zumindestens über zwei Aspekte dieses Videos ein positives Urteil fällen muß:

  - es ist eine sehr originelle graphische Variation über das Thema "Zähle rückwärts von 60 bis 1" (könnte als Aufgabenstellung einem Kreativitätstest entstammen);

  - die beiden Interpreten singen technisch perfekt und virtuos zusammen.

Dadurch, daß dem Betrachter auch Urteilsfelder angeboten werden, auf denen er sich ohne Schwierigkeiten orientieren kann, hat er die Möglichkeit, sich selbst Urteilskompetenz zuzuschreiben. Möglicherweise sind positive Urteile über ästhetische Objekte weniger davon bestimmt, was man landläufig "Gefallen am Gegenstand" nennt als vielmehr dadurch, ob man an ihnen Urteilskompetenz beweisen kann.

Rätselhaftigkeit kann nun auf sehr verschiedene Arten erzeugt werden. Wenn dies nicht, was am häufigsten der Fall ist, durch Überforderung unserer Wahrnehmung geschieht, so werden Bilder, Symbole, Stereotype angeboten, die in ihrer Beziehung zueinander nicht vollkommen abwegig sind, die sich aber auch keineswegs problemlos zu einer schlüssigen Story anordnen lassen. Ein besonders schönes Beispiel, in dem die Sache direkt beim Namen genannt wird, ist "The Riddle" von Nick Kershaw.

"Behind the green door" ist im Englischen ein Topos für ein Tor zu rätselhaften Gegenwelten, die durchaus nicht harmlos sein müssen. Hier wird die (schwarzweiße) Tür mit einer Bohrmaschine einbrechermäßig geöffnet, die in der ersten Einstellung leicht mit einer Spritze (mit Rauschgift?) verwechselt werden kann. Dann folgen Alice aus dem Wunderland persönlich, Tweedeldee & Tweedeldum, sowie eine nicht abreißende Kette von absonderlichen Abstrusitäten. Auch der Text beschreibt eine rätselhafte Gegenwelt, die jedoch keinerlei Bezug zu der im Bild gezeigten hat. Am Ende bleibt - überdeutlich - ein Fragezeichen und natürlich nostalgische Erinnerungen an "Yellow Submarine". Daß all diese kleinen "Riddles" nur phantasievolles Produkt unseres (an einer Stelle gezeigten) Gehirns seien und durch Rauschgift bewirkt werden könnten, ist - wie bei "Lucy in the Sky with Diamonds" - eine naheliegende, aber nicht zwingende Interpretation.

Der Erfolg eines Video-Clips hängt in vielen Fällen davon ab, ob es - wie in "The Riddles" - gelingt, eine in sich geschlossene Gegenwelt zu alltäglichen Bildern zu schaffen, einen neuen Minikosmos, der mit dem betreffenden Musiktitel dann unlösbar verknüpft sein kann. In "You might think" von den Cars, einem der am meisten gerühmten Video-Clips, scheint dies optimal gelungen. Verschiedene Aspekte des harmlosen Verliebtseins eines jungen Mannes sind Anstoß, eine bunte "plastic world" zu betreten, in der im Prinzip alles möglich ist, Gewalt harmlos erscheint. Die Bewunderung für die relativ behutsam eingesetzte Bildtechnik, die eine verhaltene Skurrilität schafft, stört nicht den Eindruck einer bisweilen poetischen Zärtlichkeit und läßt vergessen, daß es sich doch nur um eine simple und brutale Männerphantasie handelt.

Als eines der schönsten stillen Rätsel habe ich "I'm a Rough Boy" von den ZZ-Tops erlebt. Auch hier ist ein junger Mann verliebt, der Einfachheit halber gleich in einen weiblichen Unterleib, und eine wieder mit surrealen Momenten durchwirkte Autowäsche ist ein Schauplatz, auf dem (auch textlich) nichts ganz eindeutig und verständlich wird, der aber ahnend diffus eine Vorstellung davon gibt, welche Auffassungen von Körperlichkeit und Erotik sich hinter diesem stattlichen Bart verbergen.

Als ein besonders geglücktes Beispiel sei hier auch auf "Still Loving You" von den Scorpions hingewiesen. Der sehr ausdrucksvolle Gesang, instrumental nur knapp unterstützt, erfährt durch dunkle, ruhige, hochgradig stilisierte Bilder eine Intensivierung, die nur musikalisch kaum erreichbar gewesen wäre. Die zweite Hälfte dieses Clips zeigt aber leider auch, wie schnell ein guter Eindruck verschwinden kann. Das hemmungslose Schwelgen in farbigen Nebelschwaden, vor allem aber sinnlose und deplacierte Zuschauereinblendungen, zerstören die Aura sehnsuchtsvollen Träumens und introvertierter Melancholie.

So harmlos und poetisch geht es in Video-Clips aber eher selten zu. "Wild Boys" von Duran Duran ist eines der erfolgreichsten und prägnantesten Beispiele dafür, wie Gewaltphantasien zur Vermarktung von Musik beitragen können. Rätselhaftigkeit wird hier weniger durch hohes Schnittempo (etwa 1.5 Schnitte pro sec) als vielmehr durch eine Ansammlung von Menschen und Gegenständen bewirkt, die in der Vorstellungswelt Jugendlicher science fiction und archaischen Urzustand gleichermaßen symbolisieren. Der Fahrstuhl dieses gigantischen Szenarios fährt in Vergangenheit und Zukunft, die Szene ist bevölkert mit Gesten der Gewalttätigkeit, Feuer und Wasser, Folter und Kreuzigungssymbolik. Der Text läßt bezeichnenderweise offen, ob diese "Wild Boys" verherrlichend beschrieben werden oder ob vor ihnen gewarnt wird. Diese dosierte Rätselhaftigkeit im Inhaltlichen, obwohl die gestische Aussage ganz offenkundig eine Aura der Brutalität verbreitet, schützt den Video-Clip vor dem Vorwurf der Gewaltverherrlichung, schützt ihn vorm Jugendschutzgesetz, gibt dem Betrachter, der seine jugendlichen Gewaltphantasien ohne pädagogische Zeigefinger ausleben kann, aber auch das Gefühl der interpretierenden Eigenbeteiligung. Auch "Jeanie" ist ein Beispiel dafür, daß derartige Vorwürfe juristisch nicht belegbar, verkaufspsychologisch aber äußerst wirksam sind. Die Beziehung zwischen Musik und Clip ist bei den "Wild Boys" relativ locker, aber für den Erfolg dieses Clips war es sicherlich wichtig, daß die harte rhythmische Struktur der Musik die vom Bild vermittelte Aura der Brutalität nach mehrmaligem Betrachten aufnehmen kann.

Dosierte Rätselhaftigkeit scheint also ein zentrales Gestaltungsprinzip in vielen Video-Clips zu sein, es wird entweder durch Reizüberflutung erreicht oder durch Aneinanderreihung nur bedingt verknüpfbarer filmischer Elemente. Wenn die Beziehung dieser Elemente relativ diffus oder surreal ist, wie in "Wild Boys" oder "I'm a Rough Boy", kann sich keine Story, kein Handlungsfaden entspinnen, dafür aber ein emotionales Klima, etwa das der Brutalität oder einer kauzigen Zärtlichkeit, dessen Intensität sicherlich von der Unklarheit der inhaltlichen Aussage lebt. In vielen Fällen versucht man aber, in drei oder vier Minuten ein Minidrama zu erzählen, das den Star in erwünschten Kontext setzt oder im Idealfall, die Story des Textes andeutungsweise an einem zweiten oder dritten Ort spielen läßt. Solche Minidramen müssen sich zwangsläufig auf einige stereotype Handlungselemente beschränken, etwa: "Verfolgung - Kampf - Verfolgung - Kampf - Sieg - sich umarmendes Paar". Solche Minidramen sind nicht sonderlich rätselhaft und um eine gewisse Spannung zu erreichen, spart man deshalb nicht am Schnitttempo, grellen Farben und Klängen, an graphischen Video-Computer-Gags, sowie an teuren Kulissen. Überhaupt sind teure, exotische oder absonderliche Kulissen und Schauplätze äußerst beliebt, vielleicht in der Hoffnung, daß der visuelle Zirkus dem Zuschauer suggeriert, daß man nur für gute Musik einen solchen Aufwand treiben wird.
Während die Minidramen (z.B. bei Ultravox) vor allem die Funktion haben, den Akteur mit günstigen, werbewirksamen Attributen assoziativ zu verknüpfen und weniger darauf bedacht sind, den jeweiligen Song emotional auszudeuten oder zu intensivieren, ist dies häufiger die Absicht der mit Absicht rätselhaften Clips. Im ersten Fall steht das Werbeziel im Vordergrund, im zweiten ist zumindest die Intention eine künstlerische, nämlich jene, die den Hang zum Gesamtkunstwerk seit Anfang des 19.Jahrhunderts lebendig hält.

Bevor der Leser sich jedoch wider Erwarten zum Video-Clip-Fan entwickelt, sei klargestellt, daß durch die Auswahl der hier besprochenen Video-Clips ein zu positives Bild entstehen muß. Der Alltag der Video-Clips - etwa 40 Titel werden jede Woche auf den Markt geworfen - ist langweiliger, weniger spektakulär und vor allem auch handwerklich schlechter gemacht als die ausgewählten Beispiele. Einige dieser Clips haben bereits Geschichte gemacht. Auch wenn sie nicht für die Mehrheit der Clips stehen, haben sie doch das Image der Video-Clips geprägt. "Clip" heißt auch "Tempo" und wer heute an Video-Clips denkt, wird vielleicht assoziieren "Tempo, action, sex, Gewalt und Horror" und vergessen, daß es auch sehr verhaltene, lyrische Exemplare dieser Gattung gibt. Video-Clips sind keineswegs alle gleich, aber bei den heute in Deutschland zu empfangenden Fernsehsendungen sieht man immer häufiger einen Typ, den ich als Kulissen-Performance-Video bezeichnen möchte: in eine mehr oder weniger originelle Kulisse, teils historisch, teils surrealistisch, teils science fiction, werden die Interpreten gestellt, mit farbigem Nebel umwabert und mehr oder weniger einfühlsam abgefilmt und mehr oder weniger musikalisch geschnitten. Möglicherweise hat man festgestellt, daß die Rätselhaftigkeit vieler Video-Clips für ein jugendliches Publikum zu hoch dosiert war, sodaß man zu schlichteren Bebilderungen griff. Auf diese Art und Weise entstehen aber auch Videos, z.B. "Eifersucht" von Klaus Lage, bei deren Peinlichkeit man einen negativen Werbeeffekt nicht ausschließen kann.

Damit sind wir bei der eigentlichen Funktion von Video-Clips angelangt, nämlich zu werben, Umsatz zu steigern. Video-Clips sind ungewöhnlich teuer und müssen in kürzester Zeit produziert werden. Als Produktionskosten werden am häufigsten Zahlen zwischen 50.000.- und 500.000.-DM genannt, bei "Thriller" von Michael Jackson sollen es sogar 3 Millionen DM gewesen sein. Video-Clips müssen sehr schnell produziert werden, in der Regel in 8 bis 10 Tagen, weil sie normalerweise nur eine relativ kurze Lebensdauer (im medialen Bewußtsein) haben, man spricht von 8 bis 10 Wochen. Aus diesen Randbedingungen ergibt sich, daß Video-Clips in der Regel
  - nur von großen Konzernen und
  - nur für große Stars produziert werden,
wenn begründete Hoffnung besteht, daß die investierten Unkosten sich durch Umsatzsteigerung in überschaubarer Zeit amortisieren. Während die Schallplattenproduzenten sich (zunächst) nur an wirtschaftlichen Daten orientierten, bewegen den Star noch andere Überlegungen. Ein Star ohne Clips ist heute kein Star mehr und erst durch Video-Clips kann ein Musiker zu einem kulturgeschichtlichen Denkmal, zu einer Kultfigur wie Michael Jackson werden. Sehr häufig werden also die Musiker selbst zur Clip-Produktion drängen, die Produzenten hingegen gewissenhaft rechnen.

1985 wollte Peter Maffay eine Serie von 12 Video-Clips produzieren, die zu erwartenden Unkosten lagen bei 600.000.- DM und waren der Plattenfirma (WEA) zu hoch. Also suchte und fand der Musiker Sponsoren, die etwa die Hälfte der Kosten trugen und deren Produkte entweder im Clip selbst oder in dazwischen geschnittenen Interwiews - z.T. sehr plump - ins Bild gesetzt wurden.

Die Intention der Produzenten ist aber nicht nur, den Verkauf von Schallplatten zu beleben, sondern auch, Video-Clips als Gesprächsgegenstand und schließlich auch als Verkaufsobjekt selbst zu etablieren. Man stelle sich vor, die Leute würden nicht nur das Waschmittel, sondern auch noch ein Video mit der dazugehörigen Werbung kaufen. Daß dies beim Musik-Video-Clip möglich ist, ist nicht nur darauf zurückzuführen, daß der Clip das ursprüngliche Verkaufsobjekt - die Musik - mittransportiert, sondern hängt vor allem damit zusammen, daß der Clip - in eigenartiger Verschränkung - sowohl Werbemittel als auch zugleich ästhetisches Objekt ist. Um das ein wenig klarer herauszuarbeiten, ist in der nebenstehenden Abbildung resümierend aufgezählt, mit welchen Mitteln die Intentionen der "Macher" realisiert werden können.

Alle diese Mittel bewirken - im günstigen Fall - eine Intensivierung und Bereicherung des Musikerlebens, allerdings mit der Einschränkung, daß das an sich auditive Musikerleben mehr oder weniger auf die visuelle Ebene verlagert wird. Selbstverständlich wirkt der Gesang eines Stars überzeugender und ausdrucksvoller, wenn er mit einem günstigen Image ausgestattet ist, selbstverständlich kann ein Titel an Eindruckskraft gewinnen, wenn er unlösbar mit einem eigenen bunten Kosmos verknüpft worden ist, selbstverständlich kann Musikerleben spannungsvoller werden, wenn es - auf die eine oder andere Art - (dosiert) rätselhaft gestaltet worden ist. Vor allem aber kann ein guter Video-Clip die dynamischen oder poetischen Qualitäten eines Poptitels in einer Art und Weise hervorheben, wie dies ausschließlich auf der auditiven Ebene kaum denkbar erscheint. All diese Wirkungen, die dem vor allem visuellen Musikerleben zugute kommen können, haben aber zugleich Werbewirkung, lösen sie doch den verständlichen Wunsch aus, den Auslöser eines so lustvollen Musikerlebens zu besitzen.

Abb.1:   <u>VIDEO - CLIPS</u>, ihre Intentionen,

ihre Mittel und

ihre Wirkungen

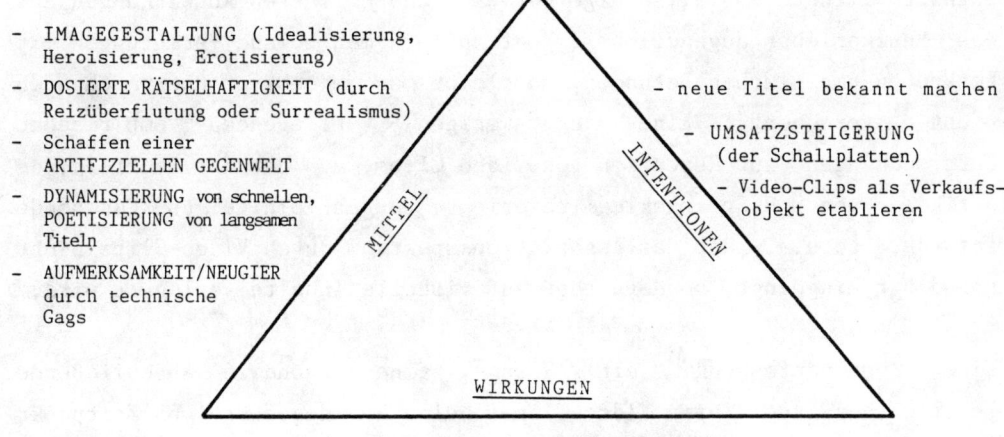

- IMAGEGESTALTUNG (Idealisierung,
  Heroisierung, Erotisierung)
- DOSIERTE RÄTSELHAFTIGKEIT (durch
  Reizüberflutung oder Surrealismus)
- Schaffen einer
  ARTIFIZIELLEN GEGENWELT
- DYNAMISIERUNG von schnellen,
  POETISIERUNG von langsamen
  Titeln
- AUFMERKSAMKEIT/NEUGIER
  durch technische
  Gags

- neue Titel bekannt machen
- UMSATZSTEIGERUNG
  (der Schallplatten)
- Video-Clips als Verkaufsobjekt etablieren

MITTEL

INTENTIONEN

<u>WIRKUNGEN</u>

- Dominanz der visuellen Wahrnehmung,
  reduzierte Wahrnehmung der Musik

- Häufung visueller Assoziationen

- Uniformierung visueller Assoziationen

- erhöhter Fernsehkonsum bei einer bisher
  relativ TV-enthaltsamen Altersgruppe

- zunehmend fehlende Fähigkeit/Bereitschaft
  zu distanziertem, strukturellen, kognitiven
  Musikerleben

Werbende Funktion und ästhetisch-emotionale Wirkung sind beim Video-Clip nicht zu trennen, allerdings wird letztere um so stärker sich entfalten können, wenn erstere nicht zu massiv in den Vordergrund geschoben wird. Trotzdem ist die Toleranz, die der werbenden Aussage im ästhetischen Objekt entgegengebracht wird, heute vermutlich einer der gravierendsten Unterschiede zwischen verschiedenen Teilkulturen.

Welche langfristigen Wirkungen die Rezeption von Video-Clips haben wird, darüber kann im Moment nur spekuliert werden. Die Abbildung enthält im unteren Teil einige der wahrscheinlichsten Auswirkungen auf das Musikerleben Jugendlicher. Konfrontiert man solche Vermutungen mit konkreten empirischen Befunden, so bleibt man jedoch vor Überraschungen nicht verschont. Eine der wenigen vorliegenden empirischen Untersuchungen zur Rezeption von Video-Clips, aus der der nachfolgende Artikel von H.Springsklee referiert, ergab einige überraschende Befunde, so u.a., daß das Assoziationsspektrum durch Video-Clips nicht unbedingt eingeengt, sondern eher auf visuelle Inhalte verlagert wird.

Eine Zusammenfassung, ein Résumé, eine irgendwie abschließende Feststellung zum Thema Video-Clip scheint zum gegenwärtigen Zeitpunkt nicht möglich, zu heterogen ist der Markt, zu sehr scheiden sich die genießenden und (ver-) urteilenden Geister, zu disparat sind bisweilen die eigenen Reaktionen. Abschließend sei deshalb mit einigen eher aphoristischen Gedankensplittern angedeutet, in welche Richtung über Video-Clips weiter zu reflektieren wäre.

Video-Clips sind Träume, oder genauer, jugendliche Tagträume. Im Traum und im Clip ist im Prinzip alles möglich, beide sind bunt und abrupt, skurril und turbulent, in beiden dominiert das Visuelle. Es gibt Wunschträume, es gibt Angstträume, Sex, Gewalt und Horror, das Begehrte und das Gefürchtete bevölkern unsere Träume ebenso wie die Clips. Aber es sind archaische Träume, so wie Sex, Gewalt und Horror auch in den Riten der Naturvölker immer wiederkehrende, zentrale Themen sind. Archaische Träume, die eine ganze Generation kollektiv träumt. In einer hochgradig verwalteten Zivilisation sind Video-Clips manchem der Traum von einem Paradies, in dem alle Probleme dieser Welt einfach und schnell, mit Gewalt oder den Mächten der science fiction gelöst werden.

Die eigentliche Infamie der Video-Clips besteht darin, daß sie im ästhetischen Bereich so dosiert avantgardistisch auftreten, daß wir kaum noch bemerken, wie sehr sie häufig äußerst reaktionär, rassistisch, sexistisch, frauen- oder männerfeindlich, Gewalt verherrlichend sein können. Das Mitreißende des bunten Tempos, die Macht der modischen Symbole, erstickt jede Kritik im Keim.

"Video-Clip" ist die Steigerungsform von "Popmusik". Durch Clips wird die Musik dynamischer oder zärtlicher, erotischer oder härter, sentimentaler oder unterkühlter, der Star zum Superstar, das Geschäft (vermutlich) potenziert. Die Clips kamen, als die Umsätze zurückgingen, als viele resignierten, die populäre Musik würde wohl nie wieder so schön wie zu seligen Zeiten der Beatles. Die Video-Clips sind - in der Geschichte der populären Musik - die konsequenteste Entwicklung, denn erst jetzt wird deutlich, daß visuelle Assoziationen, Modeattribute und die Darbietung des Musikers/Sängers in seiner Körperlichkeit schon immer zum Erleben dieser Musik gehörten, nur mußten diese Aspekte früher auf sehr umständliche und altmodische Art (Zeitschriften, live-Auftritte) mühsam transportiert werden. Die Konkurrenz zwischen Auge und Ohr scheint beim Clip entschieden zu sein, man braucht sie oft nur einmal zu hören, aber muß sie 10mal gesehen haben, um das Enträtselbare zu entschlüsseln. Sollte der Clip die Musik zunächst nur begleiten, so scheint die Musik jetzt sekundär und bisweilen nur noch die Funktion zu haben, für sich genommen wirre Bildfolgen in unserer Wahrnehmung aneinander zu kitten.
"Video-Clip" ist aber auch die Steigerungsform von "Werbung". Daß die Werbung selbst zum ästhetischen Objekt und damit zur verkäuflichen Ware geworden ist, hätte einem genialen Produzenten einfallen können. Tatsächlich ergab sich diese Entwicklung jedoch relativ zwangsläufig, weil Popmusik im wesentlichen eine Musik in den Medien ist und weil die Medien in zunehmendem Maße ein Medium der Werbung geworden sind.

Literatur

W.D.Freitag, 1980 - Das visuelle Moment bei der Rezeption von Rockmusik-Sendungen im Fernsehen. Musik und Bildung 12(3), 142-151.
M.Hustwitt, 1984/85 - Sure like heaven to me. Considerations on Popular Promotional Videos: Production, Consumption, Semiotics. Kent.
J.Riedl, 1985 - Clips für die Hits. zeit-magazin Nr.19.
H.-Chr.Schmidt, 1982 - Filmmusik. Kassel.

VIDEO-CLIPS - TYPEN UND AUSWIRKUNGEN
Holger Springsklee

Bisherige Betrachtungsansätze

Seitdem Video-Clips[1] in öffentlich-rechtlichen und kommerziellen Fernsehprogrammen gesendet werden und sich in diesen Medien als Promotionsinstrument der Popmusikbranche bewährt und etabliert haben, sind sie Gegenstand vieler journalistischer sowie einiger medien- und musikwissenschaftlicher Veröffentlichungen und Arbeiten. Die ersten deutschen Artikel erschienen nach 1981 im Zusammenhang mit der Gründung der amerikanischen Kabelfernsehstation MTV[2] und dem Beginn der Ausstrahlung von Clips in deutschen Fernsehprogrammen in Illustrierten wie dem "STERN"[3] oder in Video-Fachzeitschriften.[4] Sie befassen sich mehr oder weniger oberflächlich mit der "neuartigen Bildersprache" in den Clips (rasantes Schnittempo, Rolle des Interpreten als Storydarsteller, optische Tricks), ihrer kommerziellen Aufgabe, den zu Beginn der 80er Jahre rückläufigen Absatz von Popmusikplatten zu beleben sowie ihrer Rolle in der amerikanischen und der sich seit Beginn der 80er Jahre entwickelnden europäischen Welt des Kabel- und Satellitenfernsehens.

Seit 1983 erschienen Publikationen, die über das journalistische Niveau hinausgehen und von der medien- und kunstwissenschaftlichen Seite aus, die genannten Aspekte differenzierter betrachten. Dazu werden Entwicklung und mögliche ästhetische Wurzeln der verschiedenen Ausprägungsformen von Video-Clips vorgestellt und über die Rolle des Clips als neue, ernstzunehmende audiovisuelle Kunstgattung reflektiert. Hier sind vor allem Neumann (1983), Sieber (1984) und Siegert (1984) zu nennen. Auch das Fernsehen selbst hat sich seit 1985 in zwei sehr informativen Beiträgen mit dem Thema[5] auseinandergesetzt und über die Herstellung eines Video-Clips berichtet.[6]

Obwohl sich zur Zeit der Ausbau des Satelliten- und Kabel-
fernsehens in Westeuropa in seinem Anfangsstadium befindet, läßt sich seit 1985 eine Stagnation des Anteils der
mit Video-Clips bestrittenen Popmusiksendungen an den öffentlich-rechtlichen und privaten Fernsehprogrammen feststellen. Ebenso wird deutlich, daß seit 1984/85 keine
grundsätzlich neue Variante der audiovisuellen Präsenta-
tionsmöglichkeiten von Musik hinzugetreten ist. Es ist also an der Zeit, Analysemethoden zu entwickeln, mit denen
Clips in ihren verschiedenen Spielarten beschrieben werden
können. Dies ist Voraussetzung für die empirische Untersuchung ihrer Wirkungen. Es bedarf differenzierter Betrachtungen des Repertoires an Möglichkeiten, derer man sich
bei der Bebilderung von Popmusik bedient. Dazu haben sich
bis heute zwei Betrachtungsweisen herausgebildet, die sich
gegenseitig ergänzend nebeneinanderstehen. Auf der einen
Seite überwiegt die Betrachtung der Inhalte und der Symbolik der Bildersprache unter rezeptionspsychologischen Ge-
sichtspuntken (Hustwitt 1984, Behne 1986). Auf der anderen
Seite wird in erster Linie versucht, eine Typologie der
Clips nach formalen dramaturgischen Kriterien zu erstellen
und Bezüge zwischen Bilddarstellung und Text zu untersuchen (Künzel 1985, Rauh 1985, Springsklee 1985). Hustwitt
(1984) referiert über verschiedene formale Gliederungsan-
sätze, weist aber auf ihre Problematik hin, da die Abgren-
zungen zu unklar und oft auch von der Art der Bildinhalte
abhängig sind. Deswegen lehnt er die formale Typologie ab.
Für die empirische Rezeptionsforschung kommen aber beide
Ansätze bei der Hypothesenbildung und Versuchseinrichtung
in Betracht.

Der vorliegende Aufsatz stellt die Typologie vor, die ich
seinerzeit (Springsklee 1985) entwickelt habe (auf der Ba-
sis von ca. 250 gesehenen Clips aller Sparten), nunmehr
modifiziert durch die Erkenntnisse aus den Ansätzen von
Hustwitt (1984), Künzel (1985) und Rauh (1985). Ein weiterer Gegenstand ist die Untersuchung der Auswirkungen   von

Video-Clips auf die Poprezeption Jugendlicher, die ich im
Rahmen der Examensarbeit im Frühjahr 1985 an verschiedenen
Schulen in Hannover durchgeführt habe.

Typen

Das Repertoire der verschiedenen visuellen Darstellungs-
formen in den Clips läßt sich in vier Kategorien gliedern:

I.   "Performance"
II.   Semi-Narrative   } Clips
III. Narrative
IV.   "Art"

Den Begriff "Performance" verwendet Hustwitt und meint damit Clips, bei denen die Darstellung der Interpreten in
ihrer Tätigkeit als Musiker überwiegt, wobei die "Message"
der Konzertatmosphäre, die Beziehung zwischen Fan und Idol,
möglichst hautnah vermittelt werden soll. "Narrativ"
erscheint bei Hustwitt und Rauh (1985). In dieser Kategorie werden Clips zusammengefaßt, die in erster Linie aus
Bilderfolgen bestehen, die der Zuschauer zur Story ergänzen oder zumindest als Versatzstücke einer Handlung verstehen kann.[7] Zwischen den "Performance"- und den narrativen Clips ist die Gruppe der "Semi-Narrativen"[8] Clips
einzuordnen. Hier dominiert ebenso wie in den Perfomance-
Clips die Darstellung des Musikers, es werden aber durch
Statisten oder Filmeinblendungen Textbezüge hergestellt.
Die Bezeichnung "Art-Clip" erscheint bei Künzel (1985). Er
verwendet sie für Clips, deren bildnerische Gestalt in erster Linie aus dem Repertoire der Bildenden Kunst schöpft.
Es geht bei ihnen nicht um die Darstellung von Stars und
Stories, sondern um audiovisuelle, zum Teil abstrakte Ge-
bilde, deren optische Komponenten meist aus Zeichentricks
oder Computergraphik bestehen.

Die vier Kategorien lassen sich insgesamt in neun enger gefaßte Gruppen einteilen, was anhand einiger Beispiele verdeutlicht werden soll.

I. Performance
A. Konzertmitschnitte

Diese Gruppe repräsentiert keine entscheidend neuen dramaturgischen Errungenschaften der Video-Clips. Die Wiedergabe der stimmungsgeladenen Atmosphäre eines Rock-Konzertes steht hier im Vordergrund. So werden Interpreten, Solisten, das jubelnde Publikum, das in einem besonderen Interaktionsverhältnis zu seinen Stars steht, in "action" dargestellt. Behne (1986) beschreibt dieses ebenso wie die durch die Kameraregie vorgenommene Manipulation des Betrachtens sehr eindrucksvoll anhand der Beispiele "Live is Live" ("Opus" 1985) und "I can't stand the Rain" (Tina Turner 1985).

B. Playback/Präparierte Bühne

Handelt es sich bei Clips der Gruppe A um durchaus authentisches Bild/Ton-Material, so zeichnen sich die folgenden Gruppen durch ein entscheidendes Merkmal der Machart von Video-Clips aus: Sie sind zu einer bereits vorhandenen Musikaufnahme im Playbackverfahren hinzukomponierte Ton/Bild -Konserven, die in verschiedenen Medien zur Unterhaltung und Promotion eingesetzt werden.

In den Clips der Gruppe B werden die Musiker ihrem Image und den jeweiligen Modetrends entsprechend gestylt vor eine Kulisse gestellt, die im einfachsten Fall neutral und leer wirkt, die aber auch zum thematischen Rahmen des Songtextes in Beziehung stehen kann oder Musiker und Zuschauer in eine Phantasiewelt versetzt. Die häufigsten Mittel zur Erzeugung der Phantasiebilder sind Effekte der Dekoration, Ausleuchtung, Trockeneisnebel, elektronische,

von der Videoregie erzeugte Trickbilder. Das Playbackverfahren wird offensichtlich, da die abgebildeten Instrumente und Mikrophone (sofern überhaupt vorhanden) fast immer
ohne Anschlußkabel sind.

Beispiele:

1. "Yakitaki" (Gigantjes 1985)
   Das   Szenenbild steht an der Wand, und darum herum
   gruppieren sich die Musiker. Die Bildschnitte erfolgen
   nach musikalischen Gesichtspunkten. Das Wechselspiel
   Solo-und Chorusgesang sowie die Instrumentalsoli werden
   durch entsprechende Bildeinstellungen optisch hervorgehoben. Auffallender Regieeffekt: das Bild wird ab und
   zu gedreht.

2. "Cadillac" (Spider-Murphy-Gang 1985)
   "Phantasiebühnenbild". Die Gruppe ist von einer Dekoration umgeben, die eine Schrottplatzatmosphäre vermittelt. Die Gruppierung der in dieses Bühnenbild gut in-
   tegrierten Musiker entspricht nicht der Aufstellung einer Popgruppe bei einem Konzert. Auffällig ist auch
   hier das Hervorheben des Soloinstruments (Mundharmoni-
   ka) durch die Bildregie.

II. Semi-narrative Clips
 C. Interpret und Statisten

Diese Clips entsprechen im Grundaufbau der Gruppe B. Es
treten Statisten hinzu, die die Thematik des Textes sze-
nisch kommentieren:

Beispiel:

"Tower Beach" (Limahl 1985)
Mit dem Titel ist die Bezeichnung für die Dachgärten
auf den Wolkenkratzern in New York gemeint. einen solchen Dachgarten stellt das Bühnenbild dieses Clips da.
Es erinnert an einen Strandliegeplatz. Der Sänger sitzt
in Freizeitklediung auf einem Liegestuhl, daneben tanzt
ein Mädchen im Bikini.

D. Interpret und Filmszenen

Stellungnahmen zur Thematik des Textes werden hier durch
Stummfilmszenen realisiert, die eine ansonsten der Gruppe
A oder B entsprechende Aufnahme unterbrechen.

Beispiel:

"Suddenly" (Billy Ocean 1984)
In einer Liebeserklärung beschreibt der Sänger ein für
ihn ganz neues Gefühl der Verliebtheit und des Wunsches
nach der immerwährenden Liebe.[9] Der Clip zeigt den
Sänger in einer Konzertaufnahme, wobei die Kamera zweimal ins Publikum schwenkt. Dort wird jeweils ein Pärchen fixiert, das dann anschließend in kurzen romantischen Stummfilmszenen gezeigt wird, einmal verliebt am
Strand, einmal beim Bummeln auf der Straße.

III. Narrative Clips
  E. Interpretendarstellung und Story

Im Aufbau ähnlich angelegt wie Clips der Gruppe D. Hier
ist die Gewichtung zwischen Interpretendarstellung und
Stummfilmszenen in der Regel ausgeglichen. Der thematische
Rahmen der Stummfilmszenen kann zum Beispiel eine ziemlich
genaue Textillustration sein, zu der Interpretationen der
Situation hinzutreten, wodurch kleine Spielfilme entstehen

können.

Beispiel:

"You can win if you want" (Modern Talking 1985)
Im Songtext[10] spricht der Sänger das von ihm umworbene
Mädchen an. In den Strophen gibt er ihre Biographie
wieder (bricht aus der Welt aus, die ihre Eltern für
sie vorgesehen haben), im Refrain spricht er ihr Mut
zu, einen eigenen Weg zu gehen (You can win if you
want) und preist sich gleichzeitig als optimalen Wegbe-
gleiter und Freund an.
Der Clip zeigt im Wechsel die Gruppe (auf einer neutra-
len Bühne wie Cliptyp B) und Filmszenen, die die Text-
story darstellen. Der Freund des Mädchens ist mit dem
Sänger nicht identisch. Episoden aus der Phase vor dem
Ausbrechen des Mädchens werden mit Schwarzweißaufnahmen
als Vergangenheit verdeutlicht. Zusätzlich zur Textillustration ergänzt der Clipregisseur Dinge, die im Text
nicht explizit erscheinen, aber mit diesem in assozia-
tiver Verbindung stehen: der Junge wird der Freund des
Mädchens; beide fliehen per Autostop; Endpunkt der
Flucht ist ein Tonstudio, in das beide hineingehen und
dort auf die Gruppe Modern Talking treffen, die dort
offenbar diesen Song aufnimmt. Hier treffen beide Bildebenen des Clips aufeinander.

Je nach Beschaffenheit des Textes sind Illustration und
Interpretation verschieden stark gewichtet oder treten zum
Teil sogar nur alleine auf.

F. Durchgehende Filmhandlung

Hier tritt der Interpret als Schauspieler auf und wird zum
Titelhelden der dargestellten Story, als Musiker erscheint
er nur in einzelnen Fällen, wenn er im Geschehen aus "hei-
terem Himmel" ein Instrument erhält und ein Leadguitar-
oder Saxophonsolo mimt. Ein anschauliches Beispiel für

diese Clipgruppe (Interpret in reiner Schauspieler-Funktion) ist:

"Lucky in Love" (Mick Jagger 1985)
In drei Strophen [11] beschreibt der Sänger sein Pech beim Glücksspiel, in Strophe 1 als kleiner Junge, in Strophe 2 auf dem Pferderennplatz, in Strophe 3 im Spielcasino. Das Gegenstück - sein Glück in der Liebe - besingt er im Refrain.

Der Clip illustriert den Text genau, in Strophe 1 wird die Situation des Jungen als eine Glücksspielszene auf der Straße interpretiert, die Refraindarstellung interpretiert das Glück in der Liebe, indem eine Schar von Mädchen den Verlierer umschwärmt. Auch hier treten zwei Bildebenen auf. Die eine ist das Szenenbild der dritten Strophe, also das Spielcasino, aus dieser Situatioin heraus erzählt der Sänger die Episoden. Diese bilden in kurzen Schwarzweißfilmszenen (vgl. Modern Talking) die andere Ebene, die Darstellung beider Ebenen wechselt sich ab. In Strophe 3 treffen, wie am Ende des letzten Beispiels, beide Darstellungsebenen aufeinander.

G. Video-Story

In ihr wird der Narrativ-Clip ausgedehnt zum kleinen Spielfilm (Länge über 10 min) mit dem formalen Schema:

Einleitungsszene - Song (wie F) - Schlußszene

Die dramaturgischen Abläufe des Storyboards sind hier zeitlich großzügiger angelegt, die Video-Story ist nur als audiovisuelles Gesamtwerk zu verstehen und geht somit weit über die Rolle eines Promotioninstruments hinaus. Das wohl berühmteste Beispiel dieser sehr seltenen Gattung ist "Thriller" von Michael Jackson (1983). Dieser Clip ist sehr bekannt und an anderer Stelle gut beschrieben und analysiert worden. [12] Daher sei an dieser Stelle nur ein

Blick auf seine formale Anlage geworfen.

Einleitung: Hollywoodfilm, "Werwolfszene", gesprochen.
            Überleitung zum Song durch Wechsel der Dar-
            stellungsebene (Kinoszene).

Song: "Zombieballett"
            Überleitung durch Flucht des Mädchens in das
            Haus. Song wird langsam ausgeblendet.

Schluß: Wechsel der Darstellungsebene (Story stellt
            sich als Alptraum heraus),
            Michael Jackson und Freundin treten wieder
            als sprechende Schauspieler auf.

H. Effekt-Clips

Die hier vorgestellte Gruppe stellt ein Bindeglied zwischen den narrativen und den "Art-Clips" dar. Optische Effekte, meist Zeichentricks oder Tricks der computergesteu-
erten Videoregie, garnieren hier nicht nur das Bild, wie
es in allen anderen Clipgruppen der Fall sein kann, sondern beeinflussen entscheidend die narrative Substanz bzw.
bilden sie überhaupt.

Beispiele:
1. "How to be a Millionaire" (ABC 1984)
   Der Clip ist ein kompletter Zeichentrickfilm, der in
   grellen Modefarben einen exzessiven Einkauf im Super-
   markt zeigt. Im Verlauf des Stückes geraten alle Größenproportionen durcheinander.

2. "Money for nothing" (Dire Straits 1986)
   Konsumterror ist auch Thema dieses Clips. Dargestellt
   ist eine mit modernstem technischen Gerät ausgestattete
   Wohnung, in die Möbelpacker Gegenstände tragen. Der Clip
   ist garniert mit effektvollen Bildern der Computergraphik, zum Teil werden die Möbelpacker nicht von realen

Statisten gespielt, sondern als vom Computer gezeichnete Männchen, die ihren Mundbewegungen nach den Song vortragen.

Ein anderes herausragendes Beispiel ist das wohlbekannte "Video des Jahres 1984" "You might think" (The Cars), in dem der Sänger die von ihm begehrte junge Dame überall hin verfolgt, was mit durch Videotricks möglich gemachten lustigen Spots mit total verschobenen Größenproportionen illustriert wird. (Bohrt mit dem Preßlufthammer in ihren Zähnen, steckt in ihrem Lippenstift, kommt als Riese, der sie in seine Hand einschließt...)

IV. Art-Clips (= Gruppe I)

Ein Beispiel für diese im kommerziellen Bereich seltene Gattung ist "Kiss me" (Stephen Tintin Duffy 1985). Der Clip besteht aus einem Schwarzweißfilm, der ein sich küssendes Pärchen zeigt. Dieser bildet die ganze Zeit hindurch den Hintergrund und tritt manchmal stärker, manchmal schwächer hervor, zum Teil farblich verfremdet. Über diesen statischen Hintergrund ist als zweite Bildebene ein Zeichentrickfilm geblendet, der die dynamische Komponente des Clips bildet. Es werden keine realistischen Szenen dargestellt, sondern eine Vielzahl von surrealistischen Bildern, die schnell erscheinen und sich wieder verflüchtigen oder in andere Bilder verwandeln. Trickbilder sind: Figuren im Stil des Malers Joan Miró, aus einem Glas aufsteigender Wein, der sich in eine Frau verwandelt, daraus entsteht ein Rückenakt. Gemäß dem surrealistischen Text wird hier keine Story dargestellt, sondern ein mit bizarren Effekten geladenes Kaleidoskop von Bildern, das man als Wunschvorstellung des Sängers deuten kann, aber nicht muß.

Die Übersicht über die verschiedenen Typen soll mit einigen Bemerkungen zur generellen Gestalt der Video-Clips abgeschlossen werden. Video-Clips sind bekanntlicherweise Werbespots, die zum Kauf des Tonträgers des jeweiligen Titels animieren sollen. Als solche müssen sie innerhalb der ersten 30 Sekunden die Aufmerksamkeit des Zuschauers auf sich lenken, ihn auf den Titel bannen. Also werden dem Betrachter in rasanter Folge (die Dauer einer Bildeinstellung beträgt 0,5 bis maximal 5 Sekunden) kaleidoskopartige Bildsequenzen vorgeführt. An Bildern und Effekten ist erlaubt, was dem Jugendlichen aus seiner Welt der Werbespots, Modetrends, Jugendzeitschriften und Videogames vertraut ist. Die Organisation des Clips muß der musikalischen Substanz des Titels entsprechen, ein langsamer romantischer Song operiert mit einer ruhigeren Kameraregie und sparsamer eingesetzten Effekten als ein schneller Disco-Song.

Bei der Betrachtung der Bildinhalte treffen wir auf die Dualität der "Performance" und der narrativen Strukturen oder ihrer Vermischung. Die "Art"-Elemente dienen meist zur Dekoration oder bilden Bestandteile narrativer Strukturen. Die Wahl der Clipdramaturgie hängt ab vom Image des Interpreten, der Musikgattung und der anvisierten Konsumentenschicht. Bei einem in der Publikumswirkung starken Interpreten wird man durch Abbildung der Performance dieses Image verstärken. Hustwitt (1984) sieht diese Ausprägung als besonders von Heavy-Metal-Gruppen bevorzugt. Andere Imagearten, zum Beispiel das Clown-Image der Gruppe Madness, können durch narrative Elemente und Trickeffekte optimal verstärkt werden;[13] einige Gruppen haben ihr Image von vornherein durch einen speziellen audiovisuellen Stil gebildet (z.B. Duran Duran, The Cars).

Was ist nun ein gelungener Video-Clip? Diese Frage kann nicht verbindlich beantwortet werden, einige Kriterien, die Einfluß auf den Erfolg eines Clip haben, sollen aber genannt werden.

Ein Clip darf den Kenntnishorizont des Zuschauers nicht

übersteigen, darf diesen aber auch nicht unterfordern. Also sind reine "Art"-Clips zur Promotion nur bedingt geeignet, was ja auch durch den geringen Anteil dieses Typs an den produzierten und ausgestrahlten Clips belegt wird.

Effekte sind inflationär, das heißt, der Betrachter gewöhnt sich schnell an ursprünglich spektakuläre Dinge. Damit ist die Kreativität und Perfektion der Clipregisseure gefordert. Konnten 1984 noch durch Videotricks realisierte Effekte wie irreale Größenproportionen und abgetrennte Körperglieder imponieren ("You might think"), muß es heute schon eine perfekte Computergraphik ("Money for nothing") sein, die den Zuschauer bannt.

Auf einer Gratwanderung bewegen sich die Regisseure der narrativen Clips. In kurzen Bildsequenzen erscheinende Szenen sollen den Assoziationsraum des Betrachters besetzen. Das Interessante daran ist die Eigenarbeit, die der Zuschauer leisten muß, um eine für ihn befriedigende "Message" zu erhalten. Ist die Bildersprache für ihn zu stark chiffriert, sinkt das Interesse am Song ebenso wie bei einer allzu offen darliegenden Story. Bizarre Experimental-Clips sind also ebenso Ausnahme-Erscheinungen wie breiter angelegte Video-Stories à la "Thriller".

Kommen wir abschließend noch einmal auf die Funktion des Video-Clips als Werbespot zurück, so gilt für seine Gestalter bei der Wahl der Stilmittel und Regie auch die Feststellung Kathy Myers zur gedruckten Werbung, die Hustwitt (1984, S. 20) zitiert: "In order to engage the reader's attention, both text and image must be capable of offering certain form of interest and pleasure ... yet it must not offer satisfaction in his own right ..."

Auswirkungen

Um erste Eindrücke über Auswirkungen verschiedener Typen
von Video-Clips auf die Poprezeption Jugendlicher zu bekommen, habe ich im Juni 1985 eine Untersuchung mit insgesamt 105 Schülern einer Haupt-, einer Realschule und eines
Gymnasiums durchgeführt (7. u. 9. Klasse). Sie stand unter
der Fragestellung:

1. Inwieweit wird durch den Video-Clip das Gefallen an einem bestimmten Poptitel verändert?
2. Inwieweit wird das in der auditiven Wahrnehmung gegebene Assoziationsspektrum eingeschränkt?

Den Probanden wurden nacheinander drei aktuelle englisch-
sprachige Titel aus der Sendung "Formel eins" auf Tonband/
Schallplatte vorgespielt, zu denen sie auf einem Fragebogen spontan Stellung nehmen sollten. Der jeweilige Titel
sollte auf einer Punkteskala bewertet werden, ferner sollten die Probanden ihre spontanen Assoziationen und Textin-
haltsvorstellungen niederschreiben. Anschließend wurde ein
zweiter Fragebogen ausgeteilt und danach die Stücke als
Video-Clips vorgeführt. Nun sollten die Versuchspersonen

- angeben, ob ihnen der Clip bekannt ist,
- niederschreiben, was ihnen beim Sehen des Clips spontan
  einfällt,
- den Titel nach dem audiovisuellen Eindruck abermals mit
  Punkten bewerten,
- die Bewertung begründen und angeben, was ihnen durch den
  Video-Clip an dem Titel besser oder schlechter gefällt.

Die spezielle Rezeptionshaltung gegenüber Video-Clips und
die generelle Präferenz für das rein auditive oder das audiovisuelle Medium war Gegenstand einer zusätzlichen Frage
am Ende des zweiten Fragebogens ("Worin liegt für Dich der
Unterschied zwischen dem einfachen Musikhören und dem Anschauen eines Video-Clips?")

Als Versuchsstücke wurden gewählt:

1. "Lucky in Love" (Mick Jagger, Beispiel der Clip-Gruppe
   F)

   Zum Zeitpunkt des Versuches mittlere Plazierung in den
   Charts. Aggressiv anmutende Musik, im Sound aus dem
   Rolling-Stones-Stil der 60er Jahre entwickelt, aggres-
   sives Deklamieren des Textes in den Strophen, gesunge-
   ner Refrain. Der Clip operiert mit sehr kurzen Episoden, deren narrativer Charakter erkennbar ist, wobei
   ihr genauer Sinngehalt und Textbezug nur bei wiederholtem Betrachten ersichtlich wird.

2. "Kiss me" (Stephen Tintin Duffy, Beispiel der Gruppe I)
   Hintere Plazierung in den Charts. Statisch wirkende Musik, rhythmisch dominiert der dumpfe 4/4-Grundschlag,
   ausdrucksschwache Melodiestimme, starke Verwendung
   elektronisch erzeugter Phantasieklänge. In dem "Art"-
   Clip werden diese Phantasieerscheinungen sehr gekonnt
   visualisiert.

3. "You can win if you want" (Modern Talking, Beispiel der
   Gruppe E)
   Platz 1 in den deutschen Charts, der zweite von vier
   Tophits, mit denen diese Gruppe 1985 in Deutschland in
   den Hitparaden erfolgreich war. Die musikalische Substanz baut auf der des ersten Tophits "You're my Heart,
   you're my Soul" auf (ähnliches Verhältnis Strophe-Re-
   frain sowie Solo-Chorus, nahezu identischer kadenziel-
   ler Ablauf, identische Instrumentierung und Baßbeglei-
   tung. Der Clip zeigt zwei "makellose" Musiker an ihren
   Instrumenten, das Pianosolo beispielsweise wird als
   Großaufnahme der Hände dargestellt. Auch in dieser Beziehung wird auf dem Vorgängerhit aufgebaut. Im Wechsel
   zur Musikerdarstellung erscheint die schön anzusehende
   und leicht zu verstehende Textillustration.

Ergebnisse:

a) Promotionwirkung

Die Auswertung der Statements auf den Fragebögen hat gezeigt, daß das Gefallen an den Versuchsstücken durch die
Video-Clips manipuliert wurde. Während der Punktevergleich
zwischen der Bewertung des gehörten Stückes und des dazugehörigen Clips keine großen Unterschiede aufdeckt, können
an den verbalen Begründungen (VBEG) der Bewertung der Vi-
deobeispiele 1-3 deutlichere Unterschiede abgelesen werden.

Teilt man alle mitgeteilten Argumente in drei Klassen ein,
die für eine Verbesserung, ein Gleichbleiben oder eine
Verschlechterung des Eindruckes nach der audiovisuellen
Rezeption sprechen ("besser", "gleich", "schlechter"), so
ergibt sich für alle Befragten (N = 105) folgendes Bild:

Tabelle 1:

	VBEG 1 (Mick Jagger)	VBEG 2 (Stephen T. Duffy)	VBEG 3 (Modern Talking)
Anzahl der gemachten Angaben			
N	89	87	85
besser	47,2 %	36,8 %	47,1 %
gleich	29,2 %	32,2 %	24,7 %
schlechter	23,6 %	31,0 %	28,2 %

Es überwiegen in allen drei Fällen die Argumente für eine
Verbesserung, im "Art"-Clip "Kiss me" erwartungsgemäß am
schwächsten. Interessant sind die für jeden Clip spezifisch am häufigsten geäußerten Begründungen, die für Verbesserung und Verschlechterung sprechen: so hat bei VBEG 1
die Äußerung "Inhalt des Songs wird verständlich" mit 21,3 %
den höchsten Anteil.

Bei VBEG 2 fallen auf:

"Gleichbleiben" (ohne konkrete Begründung	18,4 %
"Arrangement des Clips ist gut"	16,1 %
"Clip überfordert optisch"	13,8 %

Während bei VBEG 3 die Argumente für das Gleichbleiben meist unspezifisch begründet ausfielen (24,7 %), setzen sich Lob und Tadel mehrheitlich mit den Eigenschaften der beiden Bildebenen auseinander:

"Inhalt des Songs wird verständlich"	17,6 %
"Abbildung der Sänger verschlechtert Eindruck"	17,6 %

Die polaren Beurteilungen der Bildebenen von Beispiel 3 und die konträren Bewertungen der komplexen, surrealen Substanz von Beispiel 2 lassen erahnen, daß die Clips gruppenspezifisch verschieden bewertet wurden. Alters- und geschlechtsspezifische Betrachtungen zeigen lediglich graduelle Unterschiede auf, tendenzielle Gegensätze zeigt eine schultypenspezifische Betrachtung von VBEG 1 und VBEG 3.

Tabelle 2:

	Hauptschule	Realschule	Gymnasium
VBEG 1			
N	26	19	20
besser	53,8 %	63,2 %	38,1 %
gleich	30,8 %	21,1 %	19,0 %
schlechter	15,4 %	15,8 %	42,9 %
besser, da Inhalt verständlich wird	26,9 %	42,1 %	9,5 %
Clip lenkt von der Musik ab	0	5,3 %	19,0 %

Auffallend ist hier, daß bei den Haupt- und Realschülern die optische Rezeption dominiert, für Gymnasiasten hingegen wird der Genuß an der Musik durch den Clip gemindert.

Besonders kraß ist der Gegensatz bei dem Modern-Talking-Hit:

Tabelle 3:

	Hauptschule	Gymnasium
VBEG 2		
N	23	22
besser	87,0 %	13,6 %
gleich	8,7 %	13,6 %
schlechter	4,3 %	72,7 %
gut, da Inhalt verständlich	21,7 %	4,5 %
schlecht, da Interpretenabbildung abgelehnt wird	0	54,8 %

Aus diesem Ergebnis läßt sich ableiten: werden Song und Interpreten abgelehnt, was an der Punktebewertung des Hörbeispiels im Gymnasium deutlich wurde, so wird der negative Eindruck durch den Clip verstärkt. Dies ist nicht ungewöhnlich, man konnte das schon früher bei den Stardarstellungen in Jugendzeitschriften beobachten.

Positiv bewertet wurde von den Hauptschülern die einfache narrative Struktur des Clips, während verhältnismäßig wenig Gymnasiasten dazu Stellung bezogen, dafür dagegen starken Anstoß an der Darstellung der Urheber der "geschmähten" Musik nahmen. Hier scheint sich eine Bestätigung der These anzudeuten, daß ein zu offen darliegendes Storyboard den Zuschauer mit der höheren Auffassungsgabe und dem weiteren Kenntnishorizont nicht mehr stimulieren kann. Aufschluß gibt hier die Gegenüberstellung der VBEG-Bewertungen derer, die den jeweiligen Clip bereits vorher kannten und derjenigen, die ihn bei dem Versuch zum ersten Mal sahen.

Tabelle 4:

	Clip bekannt	Clip nicht bekannt
VBEG 1		
N	59	30
besser	4,2 %	43,3 %
gleich	32,2 %	23,3 %
schlechter	18,6 %	33,0 %
besser, Inhalt verständlich	27,1 %	10,0 %
schlechter, Clip lenkt von Musik ab	3,4 %	13,3 %

Die optische Komponente bei diesem Clip, dessen narrative Struktur stark chiffriert ist, wird zunächst als störend empfunden, zumal von der Musik allein eine kraftvolle Wir-

kung ausgeht. Erst bei wiederholtem Anschauen wird das
Storyboard verständlicher, das Interesse für die Bilddarstellung gewinnt an Gewicht.

Daß ein Clip, der den Kenntnishorizont des Zuschauers über-
steigt, diesen von dem Popstück eher abschreckt, zeigt sich
für das zweite Beispiel eindeutig:

Tabelle 5:

	Clip bekannt	Clip nicht bekannt
VBEG 2		
N	69	17
besser	42,0 %	17,6 %
gleich	33,0 %	23,5 %
schlechter	24,6 %	58,8 %
schlechter, Clip überfordert optisch	11,6 %	23,5 %
gut, Titel wird verständlich	11,0 %	0

Genau umgekehrt verhält es sich bei dem musikalisch und im
narrativen Aufbau relativ anspruchslosen dritten Beispiel:

Tabelle 6:

	Clip bekannt	Clip nicht bekannt
VBEG 3		
N	64	18
besser	42,4 %	66,7 %
gleich	26,6 %	16,7 %
schlechter	31,3 %	16,7 %
gut, Inhalt wird verständlich	12,5 %	61,6 %
schlecht, Interpretendarstellung wird abgelehnt	20,3 %	5,6 %

Ein Video-Clip Regisseur muß also offenbar das richtige
Maß zwischen Unter- und Überforderung des Zuschauers treffen. Dabei muß der Clip so angelegt sein, daß der optische
Eindruck nicht zu sehr überwiegt und nicht von der Musik,
zu deren Kauf der Clip ja animieren soll, ablenkt. Ebenso
wurde ersichtlich, daß der Jugendliche sehr schnell eines
Bildeindrucks überdrüssig werden kann.

b) Einschränkung des Assoziationsspielsraums

Viele der bisher erschienenen Abhandlungen über Video-Clips
beschäftigen sich mit der Frage nach deren Einfluß auf den
Assoziationsspielraum des Rezipienten. In manchen Fällen
wird geäußert, daß das ganze Assoziationsfeld von visuellen Eindrücken besetzt wird. Daß dem nicht so ist, zeigt
sich bei einem Vergleich der Assoziationsinhalte beim Hören der Tonbeispiele abhängig davon, ob der Clip vorher
bereits bekannt war oder nicht. Er fiel in allen drei Fällen ähnlich aus; die konkreten Äußerungen zum Textinhalt
(und damit auch dem visuellen Eindruck) hatten bei Bekannt-
heit der Clips zwar einen größeren Anteil an allen gemachten Aussagen, aber auch hier überwogen Allgemeinplätze wie
"Liebe, Gefühle" oder Wiedergabe der jeweiligen Titelzeile.

Dies sei stellvertretend für alle Versuchsstücke an Beispiel 1 dargestellt.

Tabelle 7:

	Clip bekannt	Clip nicht bekannt
N	58	30
konkreter Inhalt	26,6 %	3,3 %
Gefühle, Liebe	58,6 %	73,3 %
musikalische Kriterien	5,7 %	10,0 %

c) Vergleich der Medien

Bei der Frage, worin für den Probanden generell der Unterschied zwischen Musikhören und Video-Clip-Schauen liegt, überwogen in der Gesamtgruppe Äußerungen, die für eine Bevorzugung der Cliprezeption sprachen (66 %), wertungsfreie Äußerungen waren mit 7,4 % schwach vertreten, die auditive Rezeption bevorzugten 26,6 %. Am häufigsten waren die positiven Äußerungen "Inhalt wird verständlich" (50 %) und "mehr sinnliches Erleben" vertreten. Dabei wurde mit 80,5 % die Cliprezeption von den Jungen deutlich stärker bevorzugt als von den Mädchen (54,7 %). Diese fanden sich teilweise durch Clips von der Musik abgelenkt (24,5 %), während diese Äußerung bei den männlichen Befragten überhaupt nicht auftrat.

Recht eindrucksvoll ist eine gesonderte Betrachtung der einzelnen Schultypen.

Tabelle 8:

	Hauptschule	Realschule	Gymnasium
N	25	27	23
für Clip	84,0 %	74,1 %	21,7 %
gleich	8,0 %	18,5 %	13,0 %
gegen Clip für Musik	8,0 %	7,4 %	65,2 %
Inhalt verständlich	64,0 %	63,0 %	4,3 %
Clips lenken von Musik ab	4,0 %	3,7 %	39,1 %
Phantasie wird eingeschränkt	4,0 %	14,8 %	17,4 %

Augenfällig ist das gegenüber den beiden anderen Gruppen gänzlich andere Rezeptionsverhalten der Gymnasiasten. Allerdings darf einer solchen Fragestellung und diesem Ergebnis keine zu große Bedeutung zugeschrieben werden, da das Hören von Popmusik mit hochwertigen Stereogeräten für uns alltäglich ist, während Video-Clips wegen ihrer geringeren Verbreitung (45 min "Formel 1" der ARD pro Woche, geringe Anzahl der Kabelfernsehteilnehmer) und des geringen Anteils von Clipkassetten auf dem Videomarkt "etwas Besonderes" darstellen. So kann eine solche Befragung auch Erklärungsansätze für die Stagnation des Clipanteils im Fernsehprogramm und auf dem Videomarkt geben.

Zusammenfassend lassen sich folgende Feststellungen treffen:

- Das Gefallen an einem Musikstück wird durch den Video-
  Clip manipuliert und zwar in beide Richtungen. Dabei
  reagieren die Rezipienten individuell sehr sensibel auf
  bestimmte Macharten der Clips.

- Video-Clips können keine Präferenzen erzeugen, sondern
  sind lediglich Präferenzverstärker, was am "Modern Talking"-Beispiel deutlich wurde.

- Auf absehbare Zeit bleibt der Video-Clip ein Promotion-
  instrument für Tonträger, die Präferenz für das audiovisuelle oder auditive Medium kann aufgrund dieser Befragung nicht ermittelt werden, wenn auch bildungsspezifi-
  sche Rezeptionsunterschiede deutlich wurden.

- Assoziationen werden durch den Video-Clip gelenkt, das
  Assoziationsspektrum wird aber nicht in dem prognosti-
  zierten Maße eingeschränkt.

Die Frage, inwieweit Video-Clips zum Konsum der jeweiligen
Musik stimulieren, war Gegenstand einer Studie, deren Anlage und Ergebnis Rauh (1985) skizziert. Er überprüfte die
These, daß der Konsumwunsch mit der Menge der erinnerten
Informationen, die man vom Clip erhalten hat, korreliert.
Dazu wurden zwei Gruppen mit insgesamt 60 Schülern zunächst vier Video-Clips vorgespielt, nach drei Minuten die
gleichen Stücke als reine Hörbeispiele. Nun sollten die
Probanden auf einem Fragebogen Musik und Video mit Punkten
bewerten, die erinnerten Informationen niederschreiben und
angeben, ob sich der Wunsch nach der Schallplatte oder dem
Besuch eines Konzertes dieses Interpreten verstärkt oder
abgeschwächt hat. Die Versuchsstücke wählte Rauh nach formalen Kriterien aus, je ein Performance-, Seminarrativ-,
Narrativ- und Effekt-Clip-Beispiel.

Aus den Ergebnissen dieser Untersuchung läßt sich ebenfalls ablesen, daß die Manipulation, die vom Video-Clip
ausgeht, sich nicht in jedem Fall zugunsten des Poptitels

auswirkt. So nahmen zum Beispiel bei dem Effekt-Clip-Beispiel in einer Gruppe Platten- und Konzertwunsch in stärkerem Maße ab als zu. Erinnerte Informationen und Erhöhung
des Platten- und Konzertwunsches traten bei dem narrativen
Versuchsstück in weitaus stärkerem Maße auf. Rauh sieht
die Ausgangsthese in den Ergebnissen grundsätzlich bestätigt, wobei geringfügige Abweichungen bei einzelnen Beispielen eintraten. Er schließt mit der Feststellung, daß
bildliche Informationen besser haften bleiben, wenn sie
strukturiert sind. Dies könne mit dem narrativen Cliptypus
am besten realisiert werden.

Schlußbemerkung

Aufgrund der beiden Untersuchungen, die in diesem Aufsatz
vorgestellt wurden, lassen sich keine verbindlichen gene-
rellen Aussagen über die langfristigen Auswirkungen von
Video-Clips auf die Poprezeption Jugendlicher ableiten.
Das liegt zum einen an der geringen Anzahl der Befragten.
Andererseits liegt es an der Tatsache, daß die Materie
"Video-Clip" zu schillernd ist, als daß es eine "richtige"
Analyse- und Befragungsmethode geben könnte. Viele Wege
müssen noch erprobt werden, bis man angemessene Aussagen
über das Medium Video-Clip, seine Charakteristik und seine
Auswirkungen machen kann.

Die Ergebnisse beider Untersuchungen können allerdings An-
haltspunkte dafür geben, warum die "große Revolution" der
Video-Clips in der europäischen Medienwelt noch nicht
stattgefunden hat. Ebenfalls wurde ersichtlich, daß in ihrer Beschaffenheit verschiedene Cliptypen unterschiedliche
Reaktionen hervorrufen. Eine Typologie der Video-Clips
nach formalen dramaturgischen Gesichtspunkten kann also
eine für die Auseinandersetzung mit der Materie und deren
Auswirkungen hilfreiche Methode sein.

Anmerkungen

1. Die Schreibweisen "Video-Clip" und "Videoclip" sind im deutschsprachigen Raum gleichermaßen gebräuchlich. Im englischsprachigen Raum taucht der Begriff "Clip" nur selten auf, hier überwiegt die Bezeichnung "Promo" (Abkürzung für "Promotional Video").

2. MTV = "Music-Television", New Yorker Privatfernsehanstalt, die seit dem 1.8.1981 täglich ein 24-stündiges Programm, bestehend aus anmoderierten Video-Clips, ausstrahlt.

3. Der bislang ausführlichste Artikel erschien in Heft Nr. 35/1984, S. 78-90, unter dem Titel "Träume aus dem Computer".

4. "Video-Sehen was Spaß macht", "Video aktiv", "Video Report", "Video-Vis".

5. Manfred Eichel: "Kultur aktuell", gesendet in: Nord III am 28.3.1985.

6. Georg Bense: "Bilder, die man hören kann", gesendet in: ARD am 7.3.1985.

7. In meiner Examensarbeit benutzte ich für diese Kategorie das Schlagwort "Concept-Clip", das ich einem journalistischen Artikel entnommen habe ("Video-Report", Nr. 3/1983, S. 12). Der Begriff "Narrativ" erfaßt aber die Charakteristik dieser Cliptypen besser.

8. Dieser Begriff entstammt Rauh (1985).

9. Text abgedruckt in: "top"-Schlagertextheft (Sikorski Hamburg), Nr. 128, Juli 1985, S. 8.

10. Abgedruckt in: "top", Nr. 127, Mai 1985, S. 25.

11. Text abgedruckt auf dem Cover der LP: Mick Jagger, "She's the Boss", CBS 86310.

12. Eine genaue Beschreibung findet sich bei Nachtigäller (1985).

13. Siehe dazu Hustwitt 1984 (Absatz "The 'Zany').

Literatur

Klaus-Ernst Behne:
Zur Rezeptionspsychologie der
kommerziellen Video-Clips.
(s. vorangehenden Beitrag)

Werner Faulstich:
Vom Live-Auftritt zum Video-Clip,
in: Medien und Erziehung (merz), 29.Jg.,
Nr. 5/1985, S. 258-266.

Werner Glogauer:
Musikvideos und Videoclips auf dem
Vormarsch,
in: Musik und Bildung, Nr. 7/8/1986, S. 639-643.

Mark Hustwitt:
"Sure feels like Heaven to me",
Considerations on Promotional Videos,
Kent 1984/85.

Werner Künzel:
Zur Typologie der Videoclips,
die Wiederkehr der Oper,
in: Wolkenkratzer-Artjournal,
Nr. 6/1985, S. 116-119.

Roland Nachtigäller:
Phantasie und Symbolik in Michael Jacksons
Video-Clip "Thriller",
in: merz Nr. 5/1985, S. 267-277.

Hans-Joachim Neumann:
"Stromlinienförmiger Edelkitsch",
Auskunft über ein neues Medium: Videoclips,
in: Medium, Nr. 7/1983, S. 33-38.

Reinhold Rauh:
Videoclips, Bilderflut und
audiovisuelle Geschichten,
in: merz Nr. 4/1985, S. 210-217

Markus Sieber:
Videoclips, Ökonomie, Ästhetik und
soziale Bewertung,
in: merz, 28.Jg., Nr. 4/1984,
S. 194-200.

Wolf Siegert:
"Ohrwürmer, die ins Auge stechen",
1. Video-Clip-Festival in St.Tropez,
in: Medium, Nr. 12/1984, S. 45-46.

Holger Springsklee:
Video-Clips und Poprezeption bei
Jugendlichen.
Zulassungsarbeit zur Künstlerischen
Fachprüfung (Musik), Hochschule für
Musik und Theater Hannover 1985.

Video - Kunst und Entertainment

Ulrich Leistner / Axel Wirths

Als praktisch nutzbare Technik gibt es Video bereits seit den frühen
60er Jahren. Als zeitspezifisches Medium, dem eine gewisse
gesellschaftliche Relevanz zukommt, kann man es in Westeuropa jedoch
erst seit Ende der 70er Jahre bezeichnen. Die Funktion von Video als
Massenmedium nimmt in gleichem Maße zu, wie die Zahl der verkauften
Videorecorder, und mittlerweile kann man wohl sagen, daß Video
tatsächlich ein Massenmedium ist. Es stellt den aktuellen Schritt in
der Evolution der gesellschaftlichen Kommunikationsmittel (Sprache -
Schrift - Druck - Photographie - Film - Video) dar.
Entsprechend vielseitig sind seine Anwendungsbereiche. Die
Filmindustrie bemächtigt sich des Mediums als Verbreitungsalternative
zum Kino. Die Musikindustrie kommt ohne Video-Clips als Werbeträger
fast schon nicht mehr aus. Die gesamte Wirtschaft benutzt Video als
Werbe- und Schulungs-Medium ebenso wie Politiker und Parteien. Schulen
und Hochschulen lehren nicht nur den Umgang mit der Technik, sondern
setzen sie auch für Lehrzwecke ein. Kaum ein Jugendzentrum ohne
Videoausrüstung, Verkehrs- und Produktionsüberwachung, Video in
Diskotheken und Sportarenen - kaum ein Lebensbereich, in den Video
nicht bereits Einzug gefunden hat. Kein Wunder also, daß sich auch
Künstler mit Video auseinandersetzen und damit arbeiten, und das
keineswegs erst, seitdem Video "normal" geworden ist. Bereits seit den
ersten Anfängen zeigten Video-Künstler, wie gesellschaftlich aktuell
man mit diesem Medium künstlerisch arbeiten kann. Allerdings geschah
dies gewissermaßen lautlos und vom Videodurchschnittskonsumenten
unbeachtet.

Uns interessieren hier besonders zwei Extreme aus dieser Fülle von
Videoanwendungen - Kunst-Videos und Musik-Video-Clips. Beide stellen
etwas sehr Videospezifisches dar. Erstere, weil ohne Video eine ganze
Kunstrichtung nicht entstanden wäre, letztere, weil sie in kürzester
Zeit das heutzutage größtmögliche Publikum erreichen.
Der Musik-Clip, das ist ganz klar, will und muß Entertainment bieten.
Er hat eine fest definierte Funktion: Die Verkaufsförderung der

zugehörigen Platte und der erhältlichen Videos des Interpreten. Und dies erreicht er, wenn er mit dem kleinsten gemeinsamen Nenner den Geschmack des größtmöglichen Publikums trifft. Entsprechend müssen bei der Produktion bestimmte Regeln beachtet werden. Die Funktion der Bilder besteht in erster Linie darin, ästhetisches Beiwerk zu sein, Aufmerksamkeit zu erregen, affirmative Assoziationen anzuregen. Es gilt, in kurzer Zeit eine hohe Zahl optischer Reize zu erzeugen, auf die der "Durchschnittszuschauer" positiv reagiert. Die Musik wird dabei in den Hintergrund gerückt.

Das Kunst-Video entsteht unter völlig anderen Voraussetzungen. Die Motivation zur Produktion entspringt dem Wunsch, eine künstlerische Idee zu vermitteln, wobei eine ästhetische Wirkung nicht von vornherein durch eine spezielle Zielgruppe definiert wird. Es kann auch mit relativ einfachen technischen Mitteln gearbeitet werden, um eine Idee in Bild-Ton-Interaktionen umzuwandeln. Selbstverständlich ergibt sich ein unendliches Experimentierfeld, da ja keine festen "Regeln" bestehen, nach denen produziert werden muß. Es besteht zunächst auch keine Notwendigkeit, die Idee so zu vermitteln, daß sich möglichst viele Zuschauer positiv (oder negativ) angesprochen fühlen. Schließlich hat Kunst noch nie den Anspruch erhoben, in erster Linie ein großes Publikum zu erreichen. In dieser Hinsicht also sind Musik-Clip und Kunst-Video völlig gegensätzliche Pole.

Die Aufgabe der Musik-Clips bedingt ihre Form. Dies führt dazu, daß die Mehrzahl dieser Produktionen typische Produkte unserer Konsumgesellschaft sind. Es wird mit technischen Spielereien gearbeitet, die sich schnell abnutzen, ästhetische Kurzzeiteffekte täuschen über fehlende oder beliebige Inhalte hinweg, und eine Standardästhetik entwickelt sich, deren Verbreitung an Volksverdummung grenzt. Der Zuschauer ist der Konsument eines Wegwerfproduktes und der Begriff "Einwegvideo" drängt sich auf.
Es gibt in der Musik den Begriff der "Muzak"-Musik, die ohne jeden künstlerischen oder unterhaltenden Anspruch gewissermaßen maschinell produziert wird für die Aufgabe, möglichst viele Menschen in gleicher Weise auf ein bestimmtes Ziel gerichtet zu manipulieren (Arbeitsrhythmen in Fabriken, Konsumstimmung in Kaufhäusern und

Supermärkten etc.). Man ist versucht, einen adäquaten Begriff der "Vidak" zu schaffen für solche Clips, die streng nach standardästhetischen Konzepten rezeptionspsychologisch exakt produziert werden; in diese Kategorie würden nicht wenige der heute angebotenen Musik-Clips fallen. Der Clip-Konsument wird (wie durch den überwiegenden Teil des Fernsehprogramms, seien es Filme, Reportagen, Shows oder anderes) an bestimmte audio-visuelle Strukturen gewöhnt und verliert auf die Dauer die Fähigkeit, sich auf andere Strukturen einzustellen, mit anderen Strukturen vermittelte Inhalte wahrzunehmen oder mal etwas "ganz anders zu sehen".

Die Kunst-Videos wiederum sind oftmals Produktionen, bei denen es dem "normalen" Zuschauer schwerfällt, die Idee zu erfassen, die der Künstler auszudrücken versucht. Setzen wir eine künstlerische Idee voraus, verlangen die meisten Video-Künstler, daß sich der Zuschauer intensiv mit seinem Werk auseinandersetzt, unter Umständen in Film- oder Kunstgeschichte bewandert ist oder sich bereits in der Videokunstszene bestens auskennt. Viele meinen es nicht nötig zu haben, bestimmte rezeptionspsychologisch durchdachte Strukturen anzuwenden, um zu manipulieren oder es dem Zuschauer leicht zu machen, Inhalte aufnehmen zu können. Dem Künstler ist es beim Produzieren meistens egal, welche Möglichkeiten der Zuschauer hat, sein Werk zu verstehen. Dadurch wird der Zuschauerkreis auf ein Kunst-Publikum eingegrenzt und es besteht die Gefahr der Ghettoisierung mit anschließender Neigung zur Inzucht der Kreativität. In der Videokunst-Praxis zeigt sich das darin, daß sich viele bekannte Produktionen in ihrer inhaltlichen Aussage ähneln und nur relativ geringe formelle Abweichungen aufweisen. Das ist innerhalb der Kunst zwar nichts Ungewöhnliches, aber es wird dabei vergessen, daß Video technikimmanent ein Massenmedium ist, ein elektronisches Verbreitungsmedium, das sich in seiner gegebenen Struktur konträr zur heutigen Kunst-Vermarktung und -Präsentation verhält. So, wie der Musik-Clip den Konsumenten an standardisierte audio-visuelle Strukturen gewöhnt, begnügen sich stattdessen viele Videokünstler damit, diese Strukturen zu übersteigern, zu zerstören oder umzukehren, ohne akzeptable Alternativen anzubieten. Obwohl es Seiten füllen würde, die verschiedenen ästhetischen Konzepte zu beschreiben, die in der 25-jährigen Geschichte der Videokunst erarbeitet und verwirklicht wurden, gibt es nur wenige Ansätze, die über das Experimentierstadium hinausgehen und eine eigenständige audiovisuelle Sprache erreicht haben.

Aber sowohl der Musik-Clip wie auch das Kunst-Video "funktionieren" auf ihre Weise, sonst würden wir hier nicht über beide sprechen. Es muß aber festgestellt werden, daß beide erst am Anfang ihrer Möglichkeiten stehen. Der Musik-Clip in Hinsicht auf das Vermitteln von Inhalten im Zusammenhang mit seinen Verbreitungsmöglichkeiten, das Kunst-Video in Hinsicht auf die Möglichkeit, zur Vermittlung seiner Inhalte die bestehenden und noch zu entwickelnden Verbreitungs-strukturen zu benutzen.

Natürlich gibt es auch Musik-Clips, die künstlerischen Ansprüchen genügen und/oder sendungsbewußt Inhalte vermitteln. Und es gibt durchaus Kunst-Videos, die, teilweise mit überraschend einfachen Mitteln, Inhalte vermitteln und zugleich durch eine starke eigenständige audiovisuelle Sprache einem Unterhaltungsanspruch gerecht werden. So gibt es also zwischen den beiden Extremen "Konsum-orientierter Musik-Vermarktungs-Clip" und "Langweiliges Bildende Kunst-Video" sehr wohl eine audio-visuelle Struktur, bei deren Anwendung sowohl Inhalt als auch Entertainment vermittelt werden. Charakteristisch für diese Struktur ist eine synergetische Verbindung zwischen Bild und Ton, in der weder das eine noch das andere in der Wahrnehmung des Zuschauers dominieren soll, sondern sich beides aufeinander bezieht und teilweise aufeinander bezogen produziert wird. Sie hinterlassen beim Zuschauer einen harmonischen Gesamteindruck mit Aha-Effekt. Kunst und Entertainment sind also durchaus in einem realisierbar (Ent-Art), dies gilt für Video wie für andere Medien, und ebenso für weitere Kombinationen wie Politik und Entertainment oder Kunst und Politik.

Es drängt sich die Frage auf, welche Chancen solche Produktionen haben, ihr Publikum zu finden, die zwischen den Stühlen "Museum" und "Fernsehen" Platz nehmen wollen. Fernsehen, das die Massen erreichen will, einerseits und Museen und vergleichbare Kunstinstitutionen als elitäre, in überkommenen Strukturen verfangene Präsentationsplätze andererseits tun sich beide auf ihre Weise schwer, andere Wege zu gehen; das Fernsehen, obwohl es langfristig auf neue kreative Ideen angewiesen ist, mit Produktionen, die den herkömmlichen Rahmen audiovisueller Strukturen sprengen; die etablierten Kunstinstitutionen und herkömmliche Kunstvermarkter wie Galerien, Verleger etc. mit Video im allgemeinen und insbesondere mit solchen Produktionen, die den Anschein erwecken, auch unterhalten zu wollen, und dabei ihre Exklusivität und Ernsthaftigkeit untergraben könnten. Es wird von dieser Seite versucht, Video in gleiche Mechanismen einzubinden wie bisher übliche Kunstformen. "Probleme" wie die unendliche Reproduzierbarkeit (was in der Photographie noch durch den "Originalabzug" so eben umgangen werden konnte), werden erstmal unter den Teppich gekehrt und es wird dabei übersehen, daß für eine solche Kunstform ganz neue Kriterien entwickelt werden müssen. Trotzdem – das Fernsehen wagt von Zeit zu Zeit Experimente mit Videokunst oder weist wenigstens auf deren Existenz hin; und der offizielle Kunstbetrieb öffnet sich mehr und mehr dem Medium Video. Zwischen diesen beiden Polen entwickeln sich zaghaft Alternativen in Form von Videokinos, Videovorführungen in kommunalen Kinos, auf Film- und Musik-Festivals oder von freien Veranstaltern organisierte Videofestivals verschiedenster Couleur u.v.m., die eigentlich der Videokunst weit gerechter werden.

Verbesserungen sind in vieler Hinsicht denkbar. Das Fernsehen würde durch die Präsentation von Kunstvideos und die damit verbundene künstlerische Auseinandersetzung mit sich selbst nur bereichert. Auf der anderen Seite könnten Museen neue Strukturen entwickeln, die dem Medium Video gerecht werden, wie etwa museale Videotheken, neue, vor allem raumbezogene Präsentationsformen, bis hin zur Einrichtung eines eigenen Kunstkanals, wodurch sich eine Zusammenarbeit mit Fernsehsendern ergeben könnte. Durch Verkabelung und Satellitenübertragung, regionale Sender und Einspeisungsmöglichkeiten ist eine technische Potenz gegeben, die auch durch den Kunstbetrieb zum Wohl von Künstler und Publikum genutzt werden kann und sollte. Die damit verbundene Loslösung der Kunst von der Materie scheint für viele das größte Problem zu sein. Doch ist die Forderung "Auflösung der Kunst in Information" eine logische Antwort auf unsere bestehende Informationsgesellschaft, und nichts anderes als zeitgerecht.

Schließlich sei noch darauf hingewiesen, daß auch Video nur einen Schritt in einer Entwicklung darstellt. Weitergehende und übergreifende Medien und Techniken kündigen sich an, die ebenso künstlerisch genutzt werden können wie Video. Dabei ist die elektronische und wissenschaftliche Forschung ein treibender Faktor, der auch dem Künstler neue Werkzeuge in die Hand gibt. Es erscheint sogar dringend notwendig, daß sich gerade Künstler der neuesten Techniken bemächtigen, allein um deren rein ökonomisch orientierter Ausnutzung ein wenn auch kleines Gegengewicht gegenüberzusetzen. Ansätze, die Anstöße geben können, sind bereits vorhanden, wie etwa das Thema und die damit verbundenen Arbeiten des Steirischen Herbstes 1985 "Artificial Intelligence in the Arts" (eine Veranstaltung, die bezeichnender Weise in Los Angeles stattfand), einige Beiträge zur Ars Electronica 1986 in Linz, oder Projekte der Communication Art. Parallel dazu entstehen größtenteils unabhängig vom etablierten Geschehen weltweit immer mehr Computer-Datenbanknetzwerke, die die Möglichkeit der Informationsübertragung via Computer nutzen, wie sie für Wirtschaft und Wissenschaft schon längst unentbehrlich sind. So erscheint zum Beispiel die amerikanische Kunstzeitschrift "Art Com" seit einiger Zeit nicht mehr als "Hardcopy" (gedruckt), sondern nur noch als für jeden Benutzer (weltweit) frei verfügbare Information in einer Datenbank. Hardcopies sind lediglich für eine jährliche Zusammenfassung geplant. So wird internationale Zusammenarbeit selbstverständlicher und leichter, Informationsvermittlung immer wichtiger. Sicherlich sind in dieser Entwicklung auch negative Aspekte enthalten, doch wird es langfristig wie auf allen Gebieten, so auch in der Kunst darauf ankommen, die neuen Techniken sinnvoll zu nutzen.

Dabei gerät die Frage "Kunst oder Entertainment" in den Hintergrund. Wir sehen sie in jedem Fall gerne mit "Kunst und Entertainment" beantwortet, ob nun mit alten oder neuen Techniken gearbeitet wird!

Literaturhinweise:

Douglas R. Hofstadter: Gödel, Escher, Bach. Stuttgart (Klett-Cotta) 1986.
W. von Appeldorn: Die optische Revolution. Gustav Lübbe Verlag 1970.
Artificial Intelligence in the Arts Nr.1 "Brainwork". Steirischer Herbst (Sackstr. 17, A-8010 Graz) 1985.
"Ars Electronica" - Katalog. LIVA (Brucknerhaus, Untere Donaulände 7, A-4010 Linz) 1986.

Zeitschriften:

- Kunstforum international, Band 77/78; Köln.
- Mediamatic; Groningen, Niederlande.
- Video in the Arts; San Francisco.
- "Art Com", c/o ACEN über UNINET (3125-816/2212444 Ex.6620) oder
                        TELENET (3125-800/8215340) - WELL.

Zum Stellenwert der Musik in Filmen Alfred Hitchcocks

Josef Kloppenburg

Folgende Begebenheit, die sich 1889 in Paris zugetragen haben soll, so erzählt der Regisseur Alfred Hitchcock seinem Kollegen Francois Truffaut, habe dem Drehbuch zu seinem Film THE LADY VANISHES zugrundegelegen:
"Eine Frau kommt mit ihrer Tochter in Paris an. Sie steigen in einem Hotel ab. Da wird die Mutter krank. Der Arzt kommt, untersucht die Frau, nimmt den Hotelbesitzer beiseite und redet mit ihm. Dann sagt er zu der Tochter: 'Ihre Mutter braucht bestimmte Medikamente', und schickt sie ans andere Ende von Paris. Als sie nach vielleicht vier Stunden zurückkommt und fragt: 'Wie geht es meiner Mutter?', antwortet der Hotelier: 'Welcher Mutter? Wir kennen Sie nicht. Wer sind Sie?' Das Mädchen sagt: 'Meine Mutter ist in dem und dem Zimmer.' Man führt das Mädchen zu dem Zimmer, aber da wohnen ganz andere Gäste, die Möbel stehen nicht mehr am selben Platz, und die Tapeten sind anders."[1] (Die Mutter war an der Pest erkrankt. Wegen der bevorstehenden Weltausstellung sollte eine allgemeine Unruhe vermieden werden.)
Einmal abgesehen vom Schicksal der Mutter in dieser Geschichte - was schwer genug ist - können wir uns leicht vorstellen, wie diesem Mädchen zumute sein muß. Würden wir es kennen, und wären wir Zeuge dieser ungeheuerlichen Lüge, leicht könnten wir auch die ohnmächtige Angst des Mädchens miterleiden.

Jeder, der auch nur zwei Filme von Alfred Hitchcock gesehen hat, kennt folgendes Ereignis: Die Identität einer Person wird von ihrer Umwelt schlichtweg geleugnet, bzw. niemand glaubt ihr; Verzweiflung und Angst setzen ein, vielleicht auch Selbstzweifel. Die Person ist auf sich allein gestellt. Vielleicht kennen wir auch unsere eigene Angst beim Erleben solcher Geschichten als Szenen eines Films von Alfred Hitchcock. Mit der Person, welcher solches widerfährt, haben wir uns nämlich vorher identifiziert. Hitchcock ließ uns keine Wahl. Wir dürfen Hitchcock also korrigieren: die erwähnte Geschichte liegt modifiziert beinahe jedem seiner Filme zugrunde.

A. Hitchcock inszenierte seine Filme im Genre Thriller, das als
Subgenre des Kriminalfilms anzusehen ist. Ein Wesensmerkmal des
Kriminalfilms ist die Erzeugung von Spannung, zu verstehen als
Erwartungshaltung des Zuschauers auf kommende, oft bereits vorbereitete
(proponierte) Ereignisse. Die "klassische" Kriminalfilmdramaturgie: zu
Beginn wird ein Verbrechen exponiert, das eine Aufklärung à la Derrick
oder Schimanski bedingt. Die Erwartungshaltung, die Spannung des
Zuschauers, wird durch das Verbrechen ausgelöst und durchläuft in
unterschiedlichen Ausprägungen der Spannungsformen Täter-, Tatsachen-
und Aufklärungsspannung einen jeden Kriminalfilm. Dieser wird noch
klassifiziert als Verbrechensfilm und Detektivfilm.
Beinahe all dies fehlt in einem Film von Alfred Hitchcock - und falls
ein Kommissar oder die Polizei auftreten sollten, verschlimmern sie
meistens noch die Lage. Und doch gilt Hitchcock als Meister der
Spannung - eine zugleich falsche und treffende Übersetzung von "master
of suspense". Das Verbrechen, im Kriminalfilm der Auslöser der
Handlung, wird von Hitchcock, wenn überhaupt, eher beiläufig
inszeniert. Es hat bei ihm die Funktion eines Steines, der in ein
stehendes Gewässer geworfen wird und dort Kreise zieht, Unruhe stiftet:
"La crime est la pierre jetée dans la mare stagnante."(2) Ist eine
Unruhe einmal entstanden, jemand aus dem Gleichgewicht geraten, wird
dies latent und permanent weiterbetrieben. Hitchcocks Hauptpersonen -
keine Helden im Sinne klassischer Hollywooddramaturgien - geraten immer
in einen Sog rätselhafter Ereignisse, ihnen wird der Boden unter den
Füßen entzogen. Spannung wird von Hitchcock durch als bedrohlich zu
empfindende Situationen ausgelöst, in die die Hauptpersonen verwickelt
werden. Es versteht sich von selbst, daß das intendierte Mitleiden des
Zuschauers in stärkstem Maße abhängig ist von seiner
Identifikationsbereitschaft. Hitchcock geht es deshalb immer darum,
"die Emotion (des Zuschauers, J.K.), von der die Spannung abhängt, erst
zu schaffen ... und dann zu bewahren."(3) Das Rechteck der Leinwand
müsse "mit Emotionen aufgeladen" sein.(4)
Ist die Identifikation des Zuschauers erst einmal bewerkstelligt - und
wir müssen zugeben: kein Hitchcockfilm gibt uns die Möglichkeit zu
distanzierter Anschauung - durchlebt der Zuschauer wahre Alpträume. Die
bürgerliche Welt der europäischen und nordamerikanischen Städte gibt
den Rahmen ab für seelische und räumliche Odysseen, wie sie schlimmer

nicht geträumt werden könnten. Intendiert und gewährleistet ist dadurch eine gewisse Ohnmacht des Zuschauers gegenüber solchen den Helden bedrängenden Ereignissen, "jener Ohnmacht des Traums verwandt, in dem man Schreckgesichter nicht abzuwehren vermag", wie Jörg Färber treffend einfühlsam zusammenfaßt.(5) Identifikation wird zu Identifikation mit Angst. Nicht Aufklärung steht am Ende eines Hitchcockfilms, sondern Auflösung (z.B. eines Traumas), die oftmals aber nicht einmal als Erlösung erlebt werden kann: das Ende bleibt gewissermaßen offen; nach der letzten Abblende darf man rätseln, wann die nächste Identifikationsdiffusion erfolgen wird.

Hitchcock variiert Angstzustände. Blumenberg bezeichnet dies als die Visualisierung bzw. Inszenierung der Obsessionen "eines kleinen fetten Mannes."(6) Hitchcock benutzt hierzu exzessiv die dem Thriller wesentliche situative Spannungsform, den "thrill", und schafft gleichzeitig eine neue Qualität einer weiteren ausschließlichen Situationsspannung, der "suspense". Letztere ist durch eine vorauslaufende Information des Zuschauers gegenüber einer handelnden Person charakterisiert, die in eine bedrohliche Situation gerät.
Aber was als bloße Reihung bedrohlicher Situationen erscheinen könnte, entpuppt sich bei näherer Analyse als streng gebaute Verkettung von Spannungssituationen. Hitchcock inszenierte alle seine Filme nach einem bestimmten Schema, das ich als dramaturgisches Grundmuster bezeichne; er bringt zunächst "eine lebhaft bewegte Einleitung, die dann in etwas Geschlossenes, Intimeres übergeht; dann, gegen Mitte zu, etwa eine große Jagd, oder ein großes Abenteuer, und zum Schluß kommt dann ein stark hervortretender Höhepunkt oder etwa eine unerwartete Wendung, eine Überraschung. ... Ein solches Schema hat man zuerst im Kopf, und dann muß man eine dazu passende geschlossene Handlung finden. Oder eine Geschichte ist zuerst da, gibt einem die Idee, und dann heißt es, diese Idee zu einem Schema auszuformen."(7)
Hitchcocks Filme sind also nicht nur inhaltlich Variationen von Angstzuständen, sondern formal Variationen eines Modells, dessen Nähe zur traditionellen aristotelischen Dramaturgie und dessen Anlehnung an das fünfaktige Drama mit seinem spezifischen Verlauf von Schwerpunkten offensichtlich ist.
Wie beinahe alle Spielfilme, sind auch Hitchcocks Thriller an

verschiedenen Stellen mit Musik unterlegt. Mit der Verbindung von bestimmter Musik mit bestimmten Momenten eines Films werden immer bestimmte Absichten verfolgt. Solche Absichten (Funktionen) sind systematisierbar auf ·drei Ebenen: 1. in Bezug auf die gezeigte Szene, 2. in Bezug auf die durch die Montage geschaffenen und abgegrenzten Sinnzusammenhänge eines Films (syntaktische Funktionen) und 3. in Bezug auf die Personenkonstellation, den Handlungsverlauf etc. als dramaturgische Funktionen. Immer bezieht sich die Musik zwar auf die Handlung/Erzählung, zielt jedoch auf die Rezeption, auf die Wahrnehmung des visuellen und akustischen Zusammenhangs.
Im vorliegenden Fall, den Filmen Alfred Hitchcocks, ist das Genre eindeutig, sind die Intentionen des Regisseurs bekannt, ebenso seine formal-dramaturgische Arbeitsweise. Damit sind auch die Anforderungen an eine "angemessene" Filmkomposition beinahe schon mitgenannt.

Zwischen 1930 und 1960, um eine Zeitspanne zu fixieren, in der Hitchcock seine besten Filme drehte, stand ihm in England und Hollywood eine Komponistengeneration zur Verfügung, deren Protagonisten, zu Beginn dieses Jahrhunderts an europäischen Musikhochschulen ausgebildet worden waren: Franz Wachsman z.B. in Berlin, Miklós Rósza von Grabner in Leipzig. Daß diese Komponisten durch die europäische Musik vornehmlich des 19.Jahrhunderts in Europa geprägt sind, läßt zunächst erklären, warum sie vordringlich die Stilidiome der Symphonik des 19.Jahrhunderts ebenso wie die Formen und Möglichkeiten von Musik und Szene überhaupt in Unterhaltungsfilme einzubringen trachten. Aber die Anwendung solcher Musik hat zu diesem Zeitpunkt bereits eine Geschichte, wie die Kompositionen und Kompilationen der Kinothekenpraxis dokumentieren. Als Erklärung für solches stilistisches Zitieren leuchtet der Verweis Paulis auf die Hörgewohnheiten eines bürgerlichen Publikums in den Prachtkinos der 20er und 30er Jahre (8) ebenso ein, wie die konstatierbare "unmittelbare Ausdruckswirkung" (9) der Musik des 19.Jahrhunderts.
Es darf also nicht verwundern, wenn der Komponist Miklós Rósza - er lehrte in den 50er Jahren auch das Fach Filmmusik an der Hochschule in Los Angeles - als ästhetisches Ideal postuliert: "the kind of composers who a century ago would have composed operas, dramatic theatre music, or program symphonies."(10) Allerdings bedingt auch immer das Filmgenre

die Wahl der musikalischen Mittel. Dies wird sehr schön deutlich anhand der Einteilung seines filmkompositorischen Schaffens, die Miklós Rósza selbst vorgenommen hat:

1. "as a composer specialising in oriental fantasies",
2. "dealing in dark psychological subjects",
3. "as a composer of hard hitting crime pictures",
4 "for vast historical or biblical settings".(11)

Natürlich sind innerhalb eines Genres Grenzen fließend, ist oft eine love story in einen Kriminalfilm oder Historienfilm eingewoben. Aber es darf festgestellt werden, daß die Filmmusikpraxis in Hollywood - und nicht nur hier - Klischeebildungen zeitigte.

Hitchcock, den Truffaut zu Recht sowohl als den besten Techniker als auch den "kommerziellsten Regisseur der Welt"(12) bezeichnete, verlangte - oft einträchtig zusammen mit seinem Produzenten, z.B. Selznick - von seinen Komponisten, daß sie seine Filme gut "verkaufen" sollten. So sieht sich Rósza während der Arbeit an der Komposition zu SPELLBOUND mit der Forderung konfrontiert: "Be sure to sell Ingrid's (Bergmann, J.K.) love..."(13), was so einfach auch nicht war, wie der Film zeigt.

Fassen wir zusammen, was der jeweilige Komponist eines Hitchcockfilms zu vermitteln hat. Da ist zunächst eine Hauptperson und ihre schubweise betriebene Identitätsdiffusion, da sind eine Vielzahl von thrill- und suspense-Situationen, und alles wird zusammengehalten und getragen von einer streng gebauten Dramaturgie. Für den jeweiligen Komponisten bedeutet dies:

a) Die intendierte Identifikation des Zuschauers mit der Hauptperson nicht zu hintertreiben und bei offensichtlichem thrill oder suspense den emotionalen Einbezug des Zuschauers, sein ohnmächtiges Mitleiden zu verstärken.

b) In bestimmten Fällen durch die Musik für eine (zusätzliche) vorauslaufende Publikumsinformation zu sorgen.

c) Die spezifische Personenkonstellation eines Films und seine spezifische Variation des dramaturgischen Modells zu berücksichtigen.

Wie sind solche Forderungen an eine "angemessene" Filmkomposition von Komponisten, die sich selbst in der angesprochenen Tradition sehen, einzulösen?

1. Die Komponisten konnten davon ausgehen, daß sie wußten, welche musikalischen Mittel Unbehagen auslösten. Das Reservoir reicht von den Tremoli in den tiefen Streichern bis eben zu den Möglichkeiten Neuer Musik, die aufgrund systematisch betriebener Synästhesien in filmischen Kontexten als angstbesetzt bezeichnet werden können. Dies betrifft die musikalische Vermittlung von Angst und Grauen bei thrill und suspense.

2. Es ist leicht einsehbar, daß sich die Komponisten, soweit es um die Vermittlung der gesamten Dramaturgie ging, hier insbesondere um die Personenkonstellation, sich der Mittel erinnerten und bedienten, aufgrund derer in der absoluten Musik die Konstruktion und Vernetzung innermusikalischer Sinnbezüge möglich ist. Gemeint ist motivisch-thematische Arbeit, die jetzt aber nicht falsch auf die musikalische Schicht allein bezogen sein darf, sondern auch durch außermusikalische - filmische - Designate konstituiert ist. Mit anderen Worten: kurze, prägnante musikalische Floskeln, die repräsentieren, ermöglichen bei der Aufnahme aller Bedeutungsebenen eines Spielfilms sowohl Rückverweise als auch Ankündigungen. Sie sind quasi abrufbar und - vorausgesetzt der Komponist versteht sein Handwerk, aber davon dürfen wir in diesen Fällen ausgehen - auch variabel in bezug auf Veränderungen des Repräsentierten. Die Floskeln erhalten entweder eine Bedeutung durch eine einmal eingegangene und dann beibehaltene Bindung an ein Element der Handlung oder Bildebene. Solche Floskeln können zunächst relativ offen sein, was ihren Ausdruck betrifft, und dann durch Veränderung ihrer Parameter mit unterschiedlichem Ausdruck "aufgeladen" werden. Andererseits ist es möglich, daß die musikalischen Floskeln bereits bei ihrem ersten Erklingen bestimmte Ausdrucksqualitäten repräsentieren. Als jeweils ein Beispiel für diese unterschiedliche Konzeption der Arbeit mit einer musikalischen Floskel seien die Komposition von Bernard Herrmann zu MARNIE und von Miklós Rósza zu SPELLBOUND genannt.

Den Film MARNIE (1964) bestreitet der Komponist Bernard Herrmann beinahe ausschließlich mit einem einzigen musikalischen Motiv. Dieses ist der Hauptperson (Marnie) zugeordnet, die aufgrund eines Kindheitstraumas an Kleptomanie und Frigidität leidet, von beidem aber mit Hilfe ihres Ehemannes (und Psychoanalyse) erlöst werden kann. Das Marniemotiv besteht eigentlich nur aus einer absteigenden Sekunde. Diese wird wiederholt, es folgt nach einem Zwischentakt die nochmalige Sequenzierung einer absteigenden Sekunde.

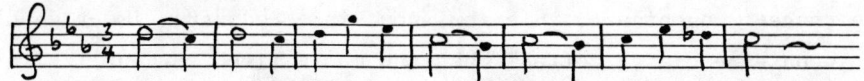

Von diesem Motiv spaltet Herrmann häufig sogar den Motivkopf noch ab, arbeitet also dann nur mit der Wiederholung dieser absteigenden Sekunde. Man könnte diesen Motivtorso auch als ein musikalisches Nichts bezeichnen. Unterschiedliche Aufgaben für den Zuschauer erfüllt diese Floskel aber durch ihre unterschiedliche Instrumentierung. Hierbei vertraut Herrmann auf die rezeptions- und kompositionsgeschichtlich bedingte Besetztheit der einzelnen Instrumente und Instrumentengruppen des spätromantischen Symphonieorchesters. Durch unterschiedliche Instrumentierung der Floskel informiert Herrmann den Zuschauer über die wechselnden psychischen Befindlichkeiten der Hauptperson mit einer solchen Deutlichkeit, daß diese auch mit geschlossenen Augen benennbar wären. Er erzeugt so ein Wechselbad der Gefühle innerhalb der musikalischen Schicht. Dies geschieht entweder in Form einer musikalischen Gefühlsillustration oder aber auch einer Vorwegnahme, einer Antizipation unmittelbar folgender Ereignisse, die sich auf das Innenleben Marnies auswirken werden. So vermittelt Herrmann z.B. Ausgeglichenheit mit den hohen Streichern, Angst mit der Baßklarinette, heitere Jagdstimmung mit dem Horn. Solche Illustrations- und Antizipationsfunktionen der Instrumentation dieser Floskel konnten anhand ausgewählter Filmsequenzen aufgezeigt werden.

In der Komposition zu dem Film SPELLBOUND (1945) verfährt der Komponist Miklós Rósza hingegen so, daß er gleich zu Beginn des Films musikalisch mit zwei Grundbefindlichkeiten vertraut macht. Unter dem Vorspann exponiert er zwei Motive, die ausdrucksmäßig in jeder Beziehung kontrastieren.

1.
2.

Im Verlauf der Handlungsexposition werden diese Motive der Liebe der beiden Hauptpersonen und der Angst und Paranoia einer der beiden Hauptpersonen zugeordnet. Sie bringen ihre Bedeutung immer dann ins Spiel, wenn eine dieser Befindlichkeiten musikalisch verdeutlich werden soll, aber auch, um eine Spannung, die dadurch entsteht, daß irreale Handlungen der kranken Hauptperson jederzeit möglich sind, aufrechtzuerhalten oder neu zu schaffen. Auch diese Funktionen können als Illustration und Antizipation bezeichnet werden. Ich habe bewußt den Begriff Leitmotiv vermieden, weil sein Gebrauch einschlösse, über die Geschichte des Leitmotivs zu sprechen und über die Kritik Adornos an seiner anderen Verwendung im kommerziellen Spielfilm. Eine sehr gute Systematik leitmotivischer Möglichkeiten in Filmkompositionen findet sich bei Bullerjahn 1985, S.22 (14).

Abschließend bleibt festzuhalten, daß bei Untersuchungen der Musik zu Filmen Hitchcocks wegen des ähnlichen dramatischen Aufbaus seiner Filme und den gleichen Intentionen des Regisseurs nach der jeweiligen musikalischen Vermittlung eines dramaturgischen Modells zu fragen ist. Aus Entsprechungen von Filmischem und Musikalischem sind auf diesem Wege Ansätze von Filmmusikdramaturgien ableitbar. Solche musikdramaturgischen Konzeptionen in Filmen Hitchcocks habe ich an anderer Stelle (15) als kompositorische Arbeit mit einem Motiv (mit Motiven), einem Thema, einem Zitat oder vordringlich mit unterschiedlicher Intrumentation ausführlich dargelegt und erörtert.

Anmerkungen

1) Truffaut, F.: Mr.Hitchcock, wie haben Sie das gemacht? München (Hanser) 1973, S.109.

2) Hitchcock, A.: Preface, in: Cahiers du cinema H.39 (10.1954), S.12.

3) Truffaut, F.: a.a.O., S.12.

4) Ebd. S.54.

5) Färber, J.: Versuch über Hitchcock, in: Filmkritik 1968 (10), 8, S.465.

6) Blumenberg, H.C.: Über die dunklen Phantasien eines kleinen fetten Mannes, in: Kinozeit. Aufsätze und Kritiken zum modernen Film 1976-1980. Frankfurt/M.(Fischer) 1980, S.218ff.

7) Zit. nach Färber, J.: a.a.O.

8) Pauli, H.J.: Filmmusik - Stummfilm. Stuttgart (Klett) 1981, S.85ff.

9) La Motte-Haber, H.de: Handbuch der Musikpsychologie. Laaber 1985, S.35.

10) Miklós Rósza on Film Music, in: Thomas,T.: Film Score - The View from the Podium, South Brunswick/New York (Barnes) 1979, S.30.

11) Rósza, M.: Double Life. New York (Hippocrene) 1982.

12) Truffaut, F.: Alfred Hitchcock. Rear Window, in: Die Filme meines Lebens. Aufsätze und Kritiken. München (Hanser) 1979, S.84.

13) Rósza, M.: a.a.O., S.126.

14) Bullerjahn, C.: Die Musik zu H.W.Geissendörfer's "Zauberberg". Zulassungsarbeit zur Künstlerischen Fachprüfung (Musik), Hochsch.f.Musik u.Theater Hannover 1985.

15) Kloppenburg, J.: Die dramaturgische Funktion der Musik in Filmen Alfred Hitchcocks. München (Fink) 1985.

- 173 -

Die Konkurrenz von Auge und Ohr
Ein lustvolles Symposion · 25. bis 27. April 1986

stumm – film – musik – video

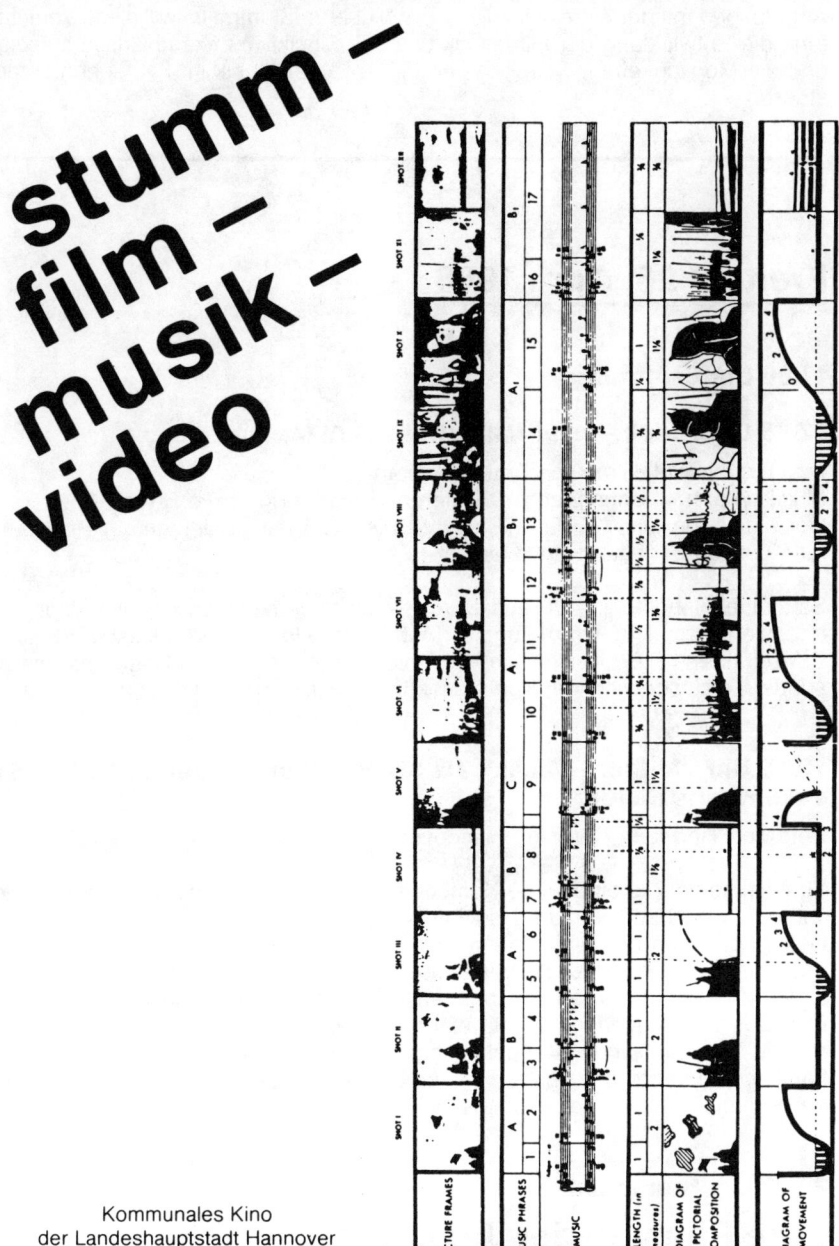

Kommunales Kino
der Landeshauptstadt Hannover
Sophienstraße 2

Musik und Bild haben immer zueinander gefunden, ihr spezifisches Verhältnis war aber jeweils von der vorhandenen Technologie geprägt. Die Entstehung der Videotechnik scheint neue Möglichkeiten zu eröffnen, Musik und Bild in jeweils unterschiedlicher Gewichtung sowohl künstlerisch wie kommerziell zu verwerten. Angefangen mit der einmaligen Rolle der Musik im Stummfilm will diese Veranstaltung die Entwicklung der Filmmusik und des Musikfilms exemplarisch aufzeigen und die Möglichkeiten, Chancen und Grenzen der Musik im Fernsehen demonstrieren.

Freitag, 25. April 1986

17.00 Uhr Eröffnung

17.15 Uhr Aleph — Der Maelström — Al Ma

Drei Experimentalfilme von Ernst Reinboth
Musik: Aleph — Boris Blacher / Referent: Rüdiger Rüfer, TU Berlin
Der Maelström und Al Ma — Rüdiger Rüfer, z. T mit Studenten der Hochschule für Musik und Theater Hannover

Statt einer Handlung — wie ansatzweise noch in dem Marionettenfilm Aleph — interessieren im „Maelström'' und in „Al Ma'' vor allem Formen, Muster, Kontraste, Bewegungen. Die elektronisch geformte Musik ist hier nicht nur Untermalung, sondern gleichgewichtiger Kontrapunkt zum Bild.

18.15 Uhr „Mittlere Musik" als Komposition für den Film: Das Beispiel Hanns Eisler.

Referent: Hermann Danuser, Hannover

Zu den Zielen, die eine junge Komponistengeneration in und seit den zwanziger Jahren unter Abkehr von der Tradition der absoluten Kunstmusik verfolgte, gehörte wesentlich auch die Filmmusik als ein Bereich, der künstlerisch experimentelle und finanziell lohnende Schaffensmöglichkeiten eröffnete. Am Beispiel Hanns Eisler soll gezeigt werden, welchen Stellenwert die Komposition für den Film innerhalb des übergreifenden Ideals einer „mittleren'' oder „artifiziellen Funktionsmusik'', das die junge Komponistengeneration insgesamt charakterisiert, innehatte, wobei neben der Analyse einiger Beispiele auch Eislers Beitrag zur Theorie der Filmmusik zur Sprache kommen wird.

20.00 Uhr Stummfilm

„Die Passion der Jeanne d'Arc"

Regie: Carl Theodor Dreyer
Frankreich 1927
Pianist: Johannes Kirschbaum, Hamburg

Sonnabend, 26. April 1986

11.00 Uhr Seminar: Sergej M. Eisenstein über Analogien zwischen Film und Musik. — Möglichkeiten und Grenzen einer vergleichenden Ästhetik.
Referent: Jörg Zimmermann, Hannover

Vor allem in der erst 1980 in deutscher Sprache zugänglich gewordenen, im Jahre 1945 entstandenen Schrift „Eine nicht gleichmütige Natur" bemüht Eisenstein immer wieder Analogien zwischen Film und Musik, um die Ästhetik des neuen künstlerischen Mediums zu begründen und detaillierter zu entfalten. Die Rede von einer Fugentechnik folgenden „audiovisuellen Polyphonie", von einer „Bild-Ton-Kontrapunktik" und einer „Tonalität" des Lichts wirft allerdings ebenso wie die Formel „Musik für Augen" Probleme auf, wie sie nahezu gleichzeitig von Theodor W. Adorno in seiner Schrift „Komposition für den Film" mit ausdrücklicher Kritik an Eisenstein angesprochen worden sind. Diese Kontroverse soll auch Thema des Seminars sein. Die notwendigen Materialien werden den Teilnehmern rechtzeitig zugänglich gemacht.

Haupttexte: Sergej M. Eisenstein: Eine nicht gleichmütige Natur, Berlin 1980; Theodor W. Adorno und Hanns Eisler: Komposition für den Film, in: Th. W. Adorno: Gesammelte Schriften, Bd. 15, Frankfurt/M. 1976 (Interessenten können die Texte frühzeitig anfordern über K.-E. Behne, Hochschule für Musik und Theater, Emmichplatz 1, 3000 Hannover 1).

14.30 Uhr Kandinskys Bemalung von Mussorgskijs „Bilder einer Ausstellung".
Klaus-Ernst Behne, Hannover

Kandinskys intensiver Beschäftigung mit der Musik schlug sich u. a. in seiner Bühneninszenierung von Mussorgskijs „Bilder einer Ausstellung" im Jahre 1928 in Dessau nieder, die 1984 von Dozenten und Studenten der Hochschule der Bildenden Künste in Berlin rekonstruiert wurde. Kandinskys Konzeption könnte auch heutige Videokünstler noch anregen.

15.15 Uhr Filme von Mauricio Kagel.
Referent: Werner Klüppelholz, Köln

— Über einige Relationen zwischen Musik und Video seit achtzehnhundert;
— Kagels Verfilmungen, Inszenierungen, Montagen musikalischer Kompositionen, exemplifiziert an „MM51"/1, „Kantrimiusik", „Hallelujah"
— Figuren der filmischen Form.

17.00 Uhr Musik des Lichts — Das mißverstandene Modell.
Referenten: Helga de la Motte-Haber, Berlin; Hans Emons, Krefeld

Gegenstand des Referats ist die Rolle der Musik im abstrakten Film der 20er Jahre: die Modellfunktion, die sie für die Entwicklung einer nicht länger reproduktiven Bildsprache und für die Idee einer „Malerei mit Zeit" hatte, sowie die Mißverständnisse, denen sie sich während des Abstraktionsprozesses in Malerei und Film ausgesetzt sah. Darüberhinaus sollen grundsätzlich die Entsprechungen zwischen Raum, Farbe und Musik zur Sprache gebracht werden.

20.00 Uhr Stummfilm

„Das neue Babylon"

Regie: Grigori Konsinzew/Leonid Trauberg
UdSSR 1929
Pianist: Joachim Bärenz, Essen

Sonntag, 27. April 1986

11.00 Uhr Seminar: Handwerk, Stil und Dramaturgien von Filmmusik — Am Beispiel der Parallelmontage

Referent: Hans-Christian Schmidt, Osnabrück

Die Parallelmontage ist fast so alt wie der Film selbst; die Idee der filmisch gleichzeitigen Darstellung des Ungleichzeitigen ist faszinierend geblieben bis auf den heutigen Tag: Griffith hat sie ebenso verwendet wie Coppola.

Die Musik spielt in der Parallelmontage eine gut zu erkennende Rolle: sie trennt, sie verbindet, sie ist zuweilen das tertium comparationis, zuweilen nur äußere Klammer, hin und wieder hat sie eine syntaktische, dann eine psychologische Funktion. Man wird das an ausgewählten Beispielen feststellen.

Eines ist klar: weil die Parallelmontage ein Stilmittel ist, welches die Aufmerksamkeit des Zuschauers in besonderer Weise fesseln will, ist der Einsatz von Musik in der Regel ebenfalls besonders überlegt und damit erörterungswürdig.

14.00 Uhr Zur Rezeptionspsychologie der kommerziellen Video-Clips.

Referent: Klaus-Ernst Behne, Hannover

Kommerzielle Video-Clips, wie sie seit gut 10 Jahren in zunehmendem Maße, zunächst ausschließlich zu Werbezwecken, produziert werden, haben sich zu einer eigenen bild-musikalischen Gattung entwickelt. Sie behandeln zentrale Themen der jugendlichen Erlebenswelt und prägen zugleich ihr Bild von der Welt —, und von der Musik. Nach einer Beschreibung häufiger und ausgefallener Cliptypen soll über Rezeption und Auswirkungen spekuliert werden.

15.00 Uhr Experimentelle Video-Clips.

Referent: Ulrich Leistner, Köln

Abgesehen von wenigen reinen Musikfilmen steht die Musik bei visuellen Medien erst im Vordergrund, seit Plattenfirmen Video-Clips als Promotion für ihre Musiker nutzen. Der Boom von derartigen, auf Massenverkauf und Hitproduktion zielenden „Filmen" führte aber auch schnell dazu, daß die überwiegende Zahl der Clips langweilige, inhaltslose und äußerst schnellebige Wegwerfprodukte sind.

Unabhängig davon gibt es seit jeher Musiker und Filmer, die visuelle Medien anders zu nutzen wissen. Musiker, die Bildmaterial (S8, Dias, Videos) bei live-Auftritten benutzen, weil ihre Aussage am besten audio-visuell vermittelt werden kann; die dann, im Zuge der Entwicklung der Videotechnologie und der Verbreitung von Videorekordern Bildmaterial und Sound via Videobänder zu verbreiten suchten. Daneben Filmer, die bewußt mit der Bild-Ton-Interaktion experimentieren und zum Teil ebenfalls versuchen, ihre Arbeiten über das Fernseh-Medium Video an das Publikum zu bringen. Viele dieser unabhängigen (weil nicht von der Industrie finanzierten und nicht auf Kommerz ausgerichteten) Videos zielen auf eine Durchbrechung der vom Fernsehen geprägten Sehgewohnheiten, durch ungewöhnliche Schnittfolgen, ,,unnormale'' Bild-Ton-Zusammenhänge, Verabreichung hochkonzentrierter Dosen der normalen Fernsehkost etc. Inhalte werden weitgehend über das Unterbewußte vermittelt, oft schon deshalb, weil Auge und Ohr des TV-Normalkonsumenten durch die Andersartigkeit der Videos voll in Anspruch genommen sind. Bild und Ton verschmelzen zu einer untrennbaren Einheit, deren Sinn sich auch nur durch Rezeption beider Faktoren erschließen kann (im Gegensatz etwa zu Video-Clips, deren Soundtrack alleine oft genug mehr Genuß verschafft als der Clip als Ganzes).

Man kann nicht davon ausgehen, daß solche Produktionen von TV-Programmgestaltern ohne weiteres akzeptiert werden. Sie sind zwar im Kontext des Fernseh-Zeitalters entstanden, beziehen sich inhaltlich auch oft auf dieses Massenmedium, sind aber in den seltensten Fällen ,,fernsehgerecht'', leicht konsumierbar und ideologisch eingrenzbar. Sie finden ihr Publikum dennoch, z. B. über spezialisierte Vertriebe, die Videos verkaufen und öffentlich vorführen. Das Interesse daran nimmt in gleichem Maße zu, wie die Bereitschaft kritischer Zuschauer, sich auf das vorgesetzte TV-Programm zu beschränken, abnimmt. Es ist nun folgerichtig, daß sich ansatzweise auch die Fernsehanstalten für sie zu interessieren beginnen.

16.30 Uhr Klassik-Video-Clips. Chancen und Probleme der Musikinterpretation im Medienzeitalter.

Referent: Wolf Siegert, Ludwigshafen

Kein Jahrzehnt ist vergangen und schon gibt es die ersten Klassiker der Video-Clips: Einzelinterpreten (wie M. Jackson) ebenso wie Pop-Gruppen (The Cars) sind schon jetzt durch dieses neuen Typ der U-Musik-Kurzfilme (wie: ,,Thriller'' oder ,,You Might Think'') in den Himmel der Stars katapultiert worden.

Aber: wir sind erst am Anfang einer Entwicklung, die auch vor der E-Musik-Reproduktion außerhalb der Konzertsäle nicht (mehr) halt machen wird. Gibt es also alsbald auch den Klassik-Clip?! — Während die einen mit Emtsetzen dies fragen, sind andere schon mit Eifer dabei, diese zu produzieren. Wolf Siegert, Autor und Regisseur, derzeit als Redakteur des Kanals Bügerservice an der Anstalt für Kabelkommunikation in Ludwigshafen tätig, wird zu dieser Frage sprechen — und hörenswerte Anschauungsbeispiele mitbringen.

19.30 Uhr Die Funktion der Musik in den Filmen Alfred Hitchcocks

Referent: Josef Kloppenburg, Braunschweig

Der Regisseur Alfred Hitchcock erzählt(e) seine Film-Geschichten, um Spannung zu erzeugen, nämlich um ,den Leuten einen höllischen Schrecken einzujagen, . . . in dem Publikum intensivste Gefühle zu wecken''. Er variierte hierzu immer ein dramaturgisches Modell und gestaltete es mit den situativen Spannunsformen ,,thrill'' und ,,suspense''. Wie beinahe alle Spielfilme sind auch Hitchcocks Thriller an verschiedenen Stellen mit Musik unterlegt; Verbindungen von visueller und musikalischer Schicht, mit denen erkennbare Absichten verfolgt werden.

Zunächst ist es immer die Aufgabe einer Spielfilmmusik, die Geschichte, die der Film erzählt, musikalisch zu vermitteln: wie eine dritte Person, die Stellung bezieht, die erläutert, kommentiert . . . In den Suspense-Thrillern von Hitchcock ist es u. a. ihre Funktion, das Einbezogenwerden, die Angst des Zuschauers entweder musikalisch zu bewerkstelligen, oder die durch die Handlung und Filmtechnik erzeugte Spannung des Zuschauers zu verstärken.

Anhand ausgewählter Sequenzen aus Filmen Hitchcocks sollen die dramaturgischen Fuktionen der jeweiligen Musik erläutert werden, um anschließend mit ,,neuer" Seh- und Hörweise einen ganzen Film von Hitchcock erleben zu können.

21.00 Uhr Ein Film von Alfred Hitchcock
,,Ich kämpfe um dich"
Spellbound

USA 1945
mit: Ingrid Bergmann und Gregory Peck

Eine Veranstaltungsreihe
des Kommunalen Kinos der Landeshauptstadt Hannover und der Hochschule für Musik und Theater
vom 25. bis 27. April 1986.

Die Teilnahmegebühr beträgt 27,- DM (Für Mitglieder des Kommunalen Kinos, sowie Studenten der Hochschule für Musik und Theater 18,- DM).
Kartenreservierungen/Anmeldung: Tel. 05 11 / 168-47 32.

Für die Veranstaltungen am 25. und 26. 4. um 20.00 Uhr
ist der Erwerb von Einzelkarten von 7,- DM (Mitglieder 5,50 DM) im Rahmen der noch vorhandenen Plätze möglich.

Leitung des Symposions:
Prof. Dr. Klaus-Ernst Behne und Sigurd Hermes